VND

Wie aus eigener Erfahrung eine Kochbuch-Reihe wurde

Renate Kerner berichtet

Für Menschen mit Zöliakie ist Ernährung ein Thema von zentraler Bedeutung. Bereits als wir unser „4-Zutaten"-Kochbuch in Biomärkten vorstellten und auffallend oft nach glutenfreier Ernährung gefragt wurden, gewannen wir diesen Eindruck. Mit dem großen Anklang, auf den unser erster Band in der Reihe „glutenfrei & vegetarisch" stieß, hat er sich noch verstärkt.

Viele Menschen zeigten sich überrascht, wie einfach und unkompliziert die Rezepte darin waren und wie wenig Zutaten man dafür brauchte. Offensichtlich glaubten sie noch immer, dass es ein schwieriges Unterfangen sei, sich glutenfrei zu ernähren. Und es schien weiterhin großen Bedarf an Rezepten zu geben.

Bei der Arbeit an „glutenfrei & vegetarisch – Band 1" haben Birgit und ich uns bereits intensiv mit den Bedürfnissen von Menschen mit Zöliakie auseinandergesetzt. Wir haben uns mit allen Informationen beschäftigt, die wir zum Thema bekommen konnten. Wir erfuhren, dass für Betroffene die Deutsche Zöliakie Gesellschaft e.V. eine wichtige Anlaufstelle ist. Wir sahen uns auch eine Menge Literatur zum Thema an. Schnell wurde klar, dass sich Gluten in vielen verarbeiteten Produkten befindet.

Symptome

Natürlich haben wir auch einiges zur Symptomatik gelesen und wir waren überrascht über die Vielzahl der möglichen Symptome, deren Ursache Zöliakie sein kann. Für einen Laien ist es unmöglich, diese adäquat einzuschätzen. Deshalb: Haben Sie den Verdacht, dass Sie vielleicht von dieser Erkrankung betroffen sind, suchen Sie unbedingt einen Allgemeinarzt Ihres Vertrauens auf. Schließlich ist Zöliakie trotz guter Behandlungsmöglichkeiten eine ernsthafte Krankheit, die einer ärztlichen Diagnose bedarf.

Die eigene Diagnose

Bei der Beschäftigung mit den Zöliakie-Symptomen kam auch mir, Renate, der ungute Verdacht, dass meine unterschiedlichen und schon lange bestehenden Beschwerden ihre Ursache in dieser Krankheit haben könnten. Endlich ging ich mit meinen Symptomen und meiner Frage zur Zöliakie zum Arzt.

Tatsächlich wurde bei mir Glutenunverträglichkeit/Zöliakie festgestellt. Und wenig überraschend gab mir mein Arzt nun unmissverständlich zu verstehen: „Erst der vollständige Verzicht auf glutenhaltige Lebensmittel lässt die Symptome verschwinden." Da ich mich wieder rundherum wohlfühlen wollte, blieb mir also nichts anderes übrig, als mich fortan glutenfrei zu ernähren.

Die Idee zur Buchreihe

Die glutenfreien Kochbücher, die ich nun konsultierte, beruhigten mich ein wenig. Offensichtlich konnte man sich mit der Diagnose „Zöliakie" einigermaßen unkompliziert ernähren – zumindest, solange man gern Fleisch isst. Dieses von Natur aus glutenfreie Lebensmittel spielte nämlich in vielen Titeln zum Thema eine große Rolle.

Rein vegetarische Rezeptsammlungen dagegen, bei denen auch noch auf die Vollwertigkeit der Zutaten geachtet wird, waren selten. Besonders schwer waren Brotrezepte zu finden – dabei hatte ich Brot immer schon gern gegessen und gebacken.

Aber wenn die Rezepte dafür fehlten: Musste ich nun Zugeständnisse machen, was die Ernährung betraf? Das erschien mir unlogisch, denn eigentlich hatte ich in meiner Recherche herausgefunden, dass es dafür keinen Grund gab: Bietet die Natur doch eine Fülle an glutenfreien Lebensmitteln. Neben Gemüse und Obst, frischen Kräutern und Salat, Vollmilch und Naturkäse, Reis und Kartoffeln kann man hier auf eine große Vielfalt an alternativen Getreiden wie z. B. Buchweizen, Quinoa, Hirse, Amarant und Mais zurückgreifen.

Warum also nicht die glutenfreie Küche um einige vegetarische Varianten erweitern? Bei der Vielfalt der glutenfreien Lebensmittel musste es doch möglich sein, abwechslungsreiche Gerichte nicht nur glutenfrei, sondern auch vegetarisch zu kreieren. Und warum nicht meine Erfahrungen und Rezepte mit anderen teilen? In einem Kochbuch – oder mehreren? Zusammen mit Birgit machte ich mich an die Arbeit.

Vom Brot zur Quiche

Gleich in unserem ersten Titel widmeten Birgit und ich uns einem der schwierigsten Teile der glutenfreien Ernährung: dem Brotbacken. Weil wir kaum ein Rezept fanden, das nicht zusatzstoffintensive Backmischungen empfahl, begannen wir selbst zu experimentieren. Dabei stießen wir bald auf die Produkte der

Firma WERZ, die uns sofort überzeugten: Bieten sie den Betroffenen doch eine Vielzahl an Mehlen, Getreiden und weiteren Produkten in Bioqualität und garantiert glutenfrei (gekennzeichnet durch das Symbol der durchgestrichenen Ähre). Da wir selbst großen Wert auf die hohe Qualität und Naturbelassenheit unserer Grundprodukte legen, passte das gut in unser Konzept.

Daran hat sich in unserem zweiten Band wenig geändert. Jetzt geht es zwar um Quiches, Tartes und herzhafte Kuchen, aber auch hier haben wir wieder mit Experimenten angefangen. Ehrlich gesagt haben wir erst munter drauflosprobiert – die Struktur für die Rezepte haben wir später festgelegt. Mit der Erfahrung des ersten Bandes im Hintergrund fiel uns die Entwicklung eines Pizzateigs zum Beispiel relativ leicht. Später haben wir mit Quinoa, Polenta und Buchweizen weiterexperimentiert und Rezepte für Spätzle, Salate und herzhafte Hauptgerichte entwickelt.

Diese Rezepte lassen sich wieder mit einem kleinen Grundvorrat und bis zu vier zugekauften Produkten zubereiten. Erneut haben wir größten Wert auf die hohe Qualität und Naturbelassenheit der Grundprodukte gelegt.

Wir sind überzeugt: Das kann man schmecken!

Viel Spaß beim Kochen und gutes Gelingen!

Ihre Kochbuchautorinnen

Vollwertig und sojafrei

Bei allen Rezepten haben wir großen Wert auf die Vollwertigkeit der verwendeten Lebensmittel gelegt. So haben wir stets hochwertige Mehle, frisches, regionales Obst und Gemüse sowie Bioprodukte empfohlen. Unsere Einkaufshilfen zeigen Ihnen, wo Sie glutenfreie Produkte in Bioqualität bekommen können. Darüber hinaus haben wir darauf geachtet, in unseren Rezepten kein Soja zu verwenden, da viele Menschen auf diese Bohnenart oder daraus gewonnene Produkte, wie zum Beispiel das sehr verbreitete Sojalecithin, allergisch reagieren.

Nachhaltige Buchproduktion

Unser wertschätzender Umgang mit der Umwelt zeigt sich nicht nur in unseren Rezepten, sondern auch in der Produktion unserer Bücher.

Aus diesem Grund ist in diesem Band der Umschlag nicht zellophaniert. Wir haben zudem mit Papier aus nachhaltiger Forstwirtschaft gearbeitet. Die CO_2-Emissionen, die beim Druck entstanden sind, wurden kompensiert.
Aus diesem Grund dürfen wir das FSC- und das CO_2-Zertifikat führen.

FSC www.fsc.org MIX Papier aus verantwortungsvollen Quellen FSC® C010135

Print CO_2 kompensiert Id-Nr. 1115012 www.bvdm-online.de

Was uns besonders am Herzen liegt

Wir empfehlen …

… bei den verwendeten Lebensmitteln auf Qualität zu achten! Qualität bedeutet für uns, dass man frisches, möglichst vollreifes Obst und Gemüse einkauft und verarbeitet. Frisches vollreifes Obst und Gemüse enthält eine Vielzahl an Vitalstoffen und sekundären Pflanzenstoffen.

… glutenfreies Vollkorngetreide, weil sich in den Randschichten des Getreides der Großteil der wertvollen Ballaststoffe, Vitamine, Öle und Mineralstoffe befindet.

… Vollkornreis, weil er alle Vitamine und Mineralstoffe enthält, die vor allem im äußeren Silberhäutchen konzentriert sind.

… Schlagsahne ohne Carrageen E 407 zu verwenden. Biosahne kommt i.d.R. ohne diesen Zusatzstoff aus.

… naturbelassene, kalt gepresste Öle (Hanf-, Sonnenblumen- oder Olivenöl), möglichst aus biologischem Anbau zu verwenden, weil diese Öle einen hohen Anteil an Omega-3-Fettsäuren und/oder Omega-6-Fettsäuren enthalten. Zum Dünsten (bei niedriger Temperatur) können auch dafür geeignete, kalt gepresste Öle verwendet werden.

… ungehärtetes Kokos- oder Palmfett (möglichst aus biologischem Anbau). Fürs Braten, bei dem eine Bräunung gewünscht wird, sollte 100 Prozent reines, ungehärtetes Kokos- oder Palmfett verwendet werden, da Temperaturen über 200 °C erreicht werden, die kein Öl ohne Bildung von Transfettsäuren übersteht. Nur natürliche Fette, die bei Raumtemperatur fest sind, können so viel Hitze unbeschadet überstehen. Anstelle von ungehärtetem Kokos- oder Palmfett kann man auch Ghee verwenden.

… natürliches Meer- oder Himalajasalz, weil es frei von Rieselhilfen und Zusatzstoffen ist und wichtige Spurenelemente aufweist.

… Biokräutersalz, weil es neben Kräutern aus biologischem Anbau i.d.R. auch Meersalz enthält.

… gekörnte, hefefreie Gemüsebrühe aus biologischem Anbau.

… die Anschaffung einer Getreidemühle. Durch die Verarbeitung der frisch gemahlenen glutenfreien Getreide bleiben alle Nährstoffe erhalten und durch den Verzehr der selbst gebackenen Brote werden dem Körper alle im Korn enthaltenen Nährstoffe zugeführt.

Hilfen für den glutenfreien Alltag

So finden Sie sich im Ernährungsdschungel glutenfrei zurecht

Der Grundvorrat

Vorausschauend Denken und Planen ist für alle wichtig – für Menschen mit Zöliakie aber ganz besonders. Schließlich sind sie darauf angewiesen, dass bestimmte Lebensmittel immer in ausreichenden Mengen vorhanden sind. Eine passende Vorratshaltung ist deswegen ein Muss, aber – wie Sie sehen werden – auch kein Problem: Mit einer vernünftigen Planung und mit unseren glutenfreien Rezepten können Sie sich zu jeder Zeit vitalstoff- und abwechslungsreich ernähren. Der bewährte Grundvorrat (vordere Innenklappe), den wir bereits in Band 1 eingeführt haben, kann da gute Dienste leisten.

Auf Vorrat kochen und backen

Damit man immer glutenfreies Brot zur Verfügung hat, ist es sinnvoll, Brot auf Vorrat zu backen. Das frisch gebackene Brot sollte hierzu nach dem Auskühlen in Scheiben geschnitten und eingefroren werden. Die einzelnen Brotscheiben lassen sich dann nach Bedarf im Toaster aufbacken. Auf diese Weise können Sie immer frisches Brot genießen.

Bei Menschen, die als einzige in ihrer Familie von Zöliakie betroffen sind, empfiehlt es sich von den Gerichten aus unserem Rezeptteil gleich eine größere Menge zuzubereiten und einen Teil davon für später einzufrieren. Natürlich können Sie unsere leckeren glutenfreien Gerichte auch für die ganze Familie kochen!

Etwas für unterwegs

Sinnvoll ist es, nicht hungrig aus dem Haus zu gehen und wenn man länger unterwegs ist, frisches Obst oder einen vorbereiteten Imbiss dabeizuhaben. Lassen Sie sich von den Gerichten in diesem Buch inspirieren, von denen sich viele problemlos mitnehmen lassen.

Einfach einkaufen

Im besten Fall finden Sie alle von uns in den Rezepten verwendeten Produkte im nächstgelegenen Biomarkt oder im Reformhaus. Dort können Sie auch Produkte bestellen. Darüber hinaus bietet das Internet einige Portale, auf denen glutenfreie Produkte angeboten werden. Einige dieser Adressen finden Sie im Anhang.

Es lohnt sich auf jeden Fall, z. B. die benötigten Mehle oder entsprechenden Körner (beim Vorhandensein einer Getreidemühle) vorrätig zu haben. Unser Grundvorrat (vordere Innenklappe) liefert Ihnen die Orientierung für den Einkauf.

Einige Anmerkungen zum Preis der glutenfreien Produkte

Ernährung mit Vollkornlebensmitteln in Bioqualität hat ihren Preis. Das gilt natürlich auch für die glutenfreie Ernährung mit Vollkornprodukten. Doch bedenken Sie: Nahrungsmittel werden umso teurer, je stärker sie industriell bearbeitet worden sind.

Planen Sie Ihre Mahlzeiten und nutzen Sie saisonale frische Zutaten zum Kochen. Stellen Sie Ihre Gerichte auch noch selbst her, bleiben die Preise in einem vernünftigen und überschaubaren Rahmen. Damit aber das Kochen und Backen von glutenfreien Speisen nicht zu viel Zeit in Anspruch nimmt, haben wir nicht nur auf die Vollwertigkeit der verwendeten Zutaten in den Rezepten geachtet, sondern auch darauf, dass alle Gerichte schnell und einfach herzustellen sind.

Und zum Schluss: Nur Mut!

Wir möchten Ihnen Mut machen, unsere Rezepte auszuprobieren! So können Sie für sich eine große Vielfalt an abwechslungsreichen und schmackhaften Gerichten entdecken.

Sie werden sehen: Es ist überraschend einfach, sich trotz Zöliakie vollwertig und vitalstoffreich zu ernähren.

Unsere Einkaufshilfe

Welche Lebensmittel sind von Natur aus für Menschen mit Zöliakie geeignet? Gibt es zu diesem Produkt eine glutenfreie Variante? Und wenn ja, wer bietet sie an? Unsere Einkaufshilfe soll Ihnen angesichts der Produktvielfalt Orientierung bieten und helfen, die verschiedenen Lebensmittel einzuordnen. Dazu haben wir in unseren Rezepten jedes Lebensmittel mit einem von drei Symbolen markiert. Die Einordnung erfolgt dabei nach folgenden Kriterien:

●
Von Natur aus glutenfreie Lebensmittel, Seite 136/137

○
Lebensmittel und Hersteller nach der aktuellen Aufstellung glutenfreier Lebensmittel der DZG e.V., Seite 138/139

✔
Garantiert glutenfrei bei Naturkorn Mühle Werz, Seite 140
(Diese Produkte sind mit der durchgestrichenen Ähre gekennzeichnet.)

Kleines „Putz"-ABC

Das „Putz"-ABC erklärt, wie man Gemüse, Salate, Kräuter sowie Obst vorbereitet. Dieser Vorgang wird in den Rezepten mit dem Wort „putzen" beschrieben.

Ananas:
Den Strunk und den Blattansatz der Ananas abschneiden. Je nach benötigter Menge die Ananas halbieren oder vierteln und die Schale sowie den in der Mitte liegenden Strunk entfernen. Falls Ananasscheiben benötigt werden, die ganze Ananas schälen und in Scheiben schneiden. Den Strunk aus den Ananasscheiben in der Mitte mit einem scharfen, spitzen Messer herausschneiden.

Aubergine:
Aubergine waschen und den Stielansatz entfernen. Wenn die Aubergine in Scheiben geschnitten und gebraten werden soll, die einzelnen Scheiben von beiden Seiten salzen und auf mehrere Lagen Küchenpapier legen. (Das Küchenpapier saugt die ausgetretene Flüssigkeit auf.) Nach einer halben Stunde die Scheiben mit Küchenpapier trockentupfen. Durch diese Vorbereitungen saugen sich die Auberginenscheiben beim Braten nicht mit Fett voll.

Avocado:
Vollreife Avocado der Länge nach halbieren. Den Kern mit einem Löffel entfernen und das Fruchtfleisch herauslöffeln.

Champignons:
Champignons ggf. mit einer Gemüsebürste bürsten oder mit Küchenpapier anhaftende Erde entfernen. Die Schnittfläche am Stiel frisch abschneiden. Bei großen, offenen Köpfen den Stiel herausbrechen und eventuell beschädigte Lamellen entfernen. Die Haut von den Lamellen her vom Champignonkopf abziehen. Champignons sollten ohne Salz angebraten werden.

Chilischote:
Chilischote waschen, halbieren und weiße Trennhäute sowie Kerne entfernen. Die Kerne der Chilischote enthalten die meiste Schärfe. Aus diesem Grund sollten Menschen, die darauf sehr empfindlich reagieren, zur Bearbeitung Einmalhandschuhe anziehen.

Frühlingszwiebeln:
Von den Frühlingszwiebeln ggf. die Wurzeln und das harte Grün abschneiden bzw. von der Zwiebel abziehen. Anschließend die geputzten Frühlingszwiebeln gründlich waschen.

Knollensellerie:
Knollensellerie zur Weiterverarbeitung schälen und waschen.

Kräuter: Dill, Petersilie, Schnittlauch
Kräuter direkt nach dem Einkauf waschen, trockentupfen und bis zum Gebrauch in ein Glas mit Wasser stellen. Zum Gebrauch die Kräuter fein hacken, wodurch sie ihr Aroma entfalten. Um den Geschmack der gehackten Kräuter zu erhalten, streut man sie meist erst kurz vor dem Servieren über das fertige Gericht. Gehackte Kräuter können problemlos eingefroren werden.

Kräuter: Salbei, Rosmarin, Thymian
Kräuter waschen. Sind die Stiele der Kräuter holzig, diese abzupfen und die Stiele nicht mitverarbeiten. Weiche Stiele kann man je nach Rezept im Ganzen weiterverarbeiten.

Mango:
Es sollten immer vollreife Früchte verwendet werden. Mango dünn schälen und das Fruchtfleisch nach und nach vom Kern abschneiden.

Möhren:
Möhren gründlich waschen oder bürsten, das Wurzelende und ggf. das Möhrengrün abschneiden. Möhren dünn schälen.

Paprikaschote:
Paprikaschote waschen und Deckel abschneiden. Den Stiel aus dem Deckel herausdrücken. Aufgeschnittene Paprikaschote halbieren und weiße Trennhäute sowie Kerne entfernen.

Paprikaschote häuten:
Paprika putzen, halbieren und mit der Schnittstelle nach unten auf ein mit Backpapier ausgelegtes Backblech legen. Im Backofen bei 200 °C 15–20 Minuten rösten, bis die Haut dunkle Blasen bildet. Paprika aus dem Ofen nehmen, kurz abkühlen lassen und Haut abziehen.

Porree:
Vom Porree das ledrige Grün und den Wurzel–ansatz entfernen. Porree längs aufschneiden, auseinanderfächern und unter fließendem Wasser gründlich waschen.

Salatgurke:
Salatgurke zur Weiterverarbeitung gründlich waschen. Stiel- und Blütenansatz 2–3 cm abschneiden. Falls man die Gurke schälen möchte, schält man vom Blüten- zum Stielansatz.

Staudensellerie:
Vom Staudensellerie den Strunkansatz entfernen. Die einzelnen Stängel gründlich waschen und ggf. die äußeren Fäden mit dem Messer abziehen. (So, als wolle man die Staudensellerie-Stange schälen, dann lösen sich die Fäden mit der harten Haut ab.) Grünes Sellerielaub abschneiden, klein schneiden und zum Garnieren verwenden.

Strauchtomaten:
Tomaten waschen, halbieren oder vierteln und den Stielansatz herausschneiden. Für spezielle Gerichte die Kerne und das Fruchtfleisch entfernen.

Tomaten häuten:
Tomaten gegenüber dem Stielansatz kreuzweise einschneiden, in ein hohes Gefäß füllen und mit kochendem Wasser übergießen. Nach 5–10 Minuten das Wasser abgießen und die Haut von den Tomaten abziehen. Die Stielansätze herausschneiden und die Tomaten je nach Rezept weiterverarbeiten.

Weißkohl:
Vom Weißkohl die äußeren Blätter entfernen und den Wurzelansatz abschneiden. Weißkohl je nach Größe halbieren oder vierteln und den harten Strunk entfernen. Für einen Rohkostsalat wird der Weißkohl in dünne Streifen geschnitten, in eine Schüssel gefüllt, mit Meersalz bestreut und mit den Händen durchgeknetet. Der Weißkohl wird dadurch etwas weicher.

Zucchini:
Zucchini waschen, den Stielansatz abschneiden und je nach Rezept weiterverarbeiten.

„Putz"-ABC Online

Mit Videoanleitungen
www.kochwerte.de/putz-abc

Kochtipps

Gemüsebrühe (gekörnt):
In unseren Rezepten haben wir oft Gemüsebrühe verwendet. Wir sind dabei immer von einer gluten- und hefefreien Würzmischung ausgegangen. Wenn wir von "Gemüsebrühe" sprechen, gehen wir davon aus, dass Sie diese aus einer glutenfreien Würzmischung nach den Herstellerangaben auf der Verpackung zubereiten. Wenn wir in unseren Rezepten hingegen von "gekörnter Gemüsebrühe" sprechen, dann verwenden Sie bitte die Gewürzmischung in „purer Form" in der jeweils angegebenen Menge.

Crème fraîche:
Anstelle von Crème fraîche können Sie auch Saure Sahne oder Schmand verwenden.

Laktoseintoleranz:
Falls Sie laktosefrei leben müssen, empfehlen wir die Milchprodukte in den Rezepten bei Bedarf durch MinusL-Produkte zu ersetzen.

Glutenfreie Körner und Mehle

Informationen zu den verwendeten Grundnahrungsmitteln

Buchweizen
ist botanisch gesehen ein enger Verwandter von Rhabarber und Sauerampfer. Weil die Buchweizenkörner in ihrer Zusammensetzung dem Getreide sehr ähnlich sind und sich darüber hinaus auch so verarbeiten und verwenden lassen, wird der Buchweizen unter praktischen Gesichtspunkten dem Getreide zugerechnet. Nach der Ernte wird der Buchweizen maschinell geschält und der grünlich-braune Kern freigelegt. Die Verwendung von Buchweizen verleiht den Gebäcken einen charakteristischen kräftigen, angenehmen, leicht bitteren Geschmack.

Guarkernmehl
wird aus dem gemahlenen Samen der Guarpflanze gewonnen. Es ist ein feines weißes bis cremefarbiges, fast geruchloses Pulver mit mildem Geschmack. Guarkernmehl löst sich und quillt nahezu vollständig in kaltem oder heißem Wasser und bildet eine zähflüssige Lösung. Guarkernmehl dient als Bindemittel und Stabilisator in glutenfreien Lebensmitteln, Backwaren und der Pharmazie.

Hirse
wächst in Amerika und Russland. Sie wird von ihrer harten, unverdaulichen Schale befreit und z. B. in der Naturkorn Mühle Werz frisch gemahlen. Hirse hat neben Hafer den höchsten Gehalt an Vitalstoffen, die im ganzen Korn verteilt sind. Sie ist reich an Vitaminen und Mineralstoffen, besteht zu etwa 10 Prozent aus Eiweiß und enthält die für Haut und Haare wichtige Kieselsäure.

Johannisbrotkernmehl
wird aus dem gemahlenen Samen des Johannisbrotbaumes gewonnen. Die Pflanze wächst hauptsächlich in den Mittelmeerländern. Die getrockneten Früchte des Strauches sind das Johannisbrot (Carob). Die geschälten Kerne (Samen) dienen zur Herstellung des Johannisbrotkernmehls. Es wird als Stabilisator, Binde- und Verdickungsmittel bei glutenfreien Mehlen, Teigwaren und Gebäcken eingesetzt.

Kichererbsen
Kichererbsen enthalten rund 20 Prozent Eiweiß, 40 Prozent Kohlehydrate und etwa 12 Prozent

Ballaststoffe, viel Lysin, Vitamin B1, Vitamin B6 und Folsäure. Der Mineralstoffgehalt an Magnesium, Eisen und Zink ist hoch.

Rohe „Kichererbsen" – korrekt wäre „Kichererbsensamen" – enthalten unverdauliche Giftstoffe, weshalb das Einweichwasser weggeschüttet und zum Kochen frisches Wasser verwendet werden sollte. Da Kichererbsen einen wichtigen Beitrag zur vegetarischen Ernährung leisten können, bieten wir in diesem Kochbuch eine Vielzahl von Rezepten an!

Mais
ohne Gentechnik wird z. B. in der Naturkorn Mühle Werz besonders gereinigt und als Ganzkorn mit Keim zur Verarbeitung gemahlen.

Quinoa
Mit 13 bis 22 Prozent Eiweißanteil gehört Quinoa zu den proteinreichsten Pseudogetreiden. Zudem ist ihre Aminosäurenzusammensetzung perfekt ausgewogen.

Einzigartig ist der hohe Gehalt an Lysin, der in anderen Pflanzen nicht oder nur unzureichend in kleinsten Mengen vorkommt. Quinoa besitzt darüber hinaus große Mengen an Vitaminen, Mineralien und Spurenelementen.
Das glutenfreie Quinoakorn enthält 5 Prozent Fett. Der Fettanteil setzt sich v.a. aus ungesättigten, langkettigen Fettsäuren zusammen. Sie bestehen zu 4,3 Prozent aus Alpha-Linolsäure, einer sonst nur in Fischen vorkommenden Omega-3-Fettsäure.

Den Schutz vor Schädlingen erreicht Quinoa durch bitter schmeckende Saponine, die auf der Samenschale liegen – in diesem Zustand ist Quinoa ungenießbar. Handelsübliches Quinoa ist geschält oder gewaschen und dadurch vom Saponin befreit und entbittert. Der Saponingehalt wird durch dieses Verfahren erheblich reduziert. Durch ein Erhitzen/Kochen kann etwa ein Drittel der eventuell verbliebenen Saponine unschädlich gemacht werden. Der mögliche Restgehalt an Saponinen ist nicht schädigend für den Menschen, da sie kaum vom Darm aufgenommen werden.

Reis
wird z. B. in der Naturkorn Mühle Werz als Vollkornreis zur Sicherstellung höchster Reinheit speziell gereinigt und zu Mehl verarbeitet. Dadurch ist das Mehl besonders hochwertig und enthält viele Vitamine und wichtige Mineralstoffe wie Phosphor, Kalium, Magnesium und Eisen.

Generell hat Reis einen der höchsten Kohlehydratanteile von durchschnittlich 75 Prozent. Gleichzeitig ist er aufgrund seines geringen Eiweißanteils besonders leicht verdaulich und bekömmlich. Vollkorn-Rundkornreis zu Mehl vermahlen ergibt ein feines helles, jedoch vollwertiges Mehl, welches in der glutenfreien Ernährung vielseitige Verwendung finden kann. Es eignet sich nicht nur für die verschiedensten Rezepte, es hat auch gegenüber Buchweizenmehl den Vorteil, dass es neutraler im Geschmack ist. Mehltechnisch gesehen ist Reismehl unser Favorit!

10 schnelle Salate

13 clevere Suppen und Eintöpfe

9 leckere Nudel, Spätzle- & Kartoffelgerichte

9 herzhafte Pfannen & Ofengerichte

4 herzhafte Rezepte mit Polenta

12 schnelle Pizzavariationen

9 herzhafte Kuchen, Tartes & Aufläufe

Salate

mit Quinoa, Kichererbsen, Hülsenfrüchten, Kartoffeln und Nudeln

„PUTZ"-ABC

In unserem „Putz"-ABC (Seite 8-11) erklären wir, wie man Gemüse, Salate, Kräuter sowie Obst für die jeweiligen Gerichte vorbereitet. Dieser Vorgang wird in den Rezepten mit dem Wort „putzen" beschrieben.

Infos zum Putzen der frischen Zutaten finden Sie im „**PUTZ**"-**ABC** ab Seite 8

● ○ ✔
Erläuterung der Symbole und Einkaufshilfe ab Seite 134

Quinoasalat

Zutaten aus dem Vorrat

✔ 250 g Quinoa (Gold-Korn)

Für das Dressing:

- ● 6 EL Sonnenblumenöl (kalt gepresst)
- ○ 3 EL Balsamico bianco
- ● 1 TL Meer- oder Himalajasalz
- ○ ¼ TL Pfeffer

Zutaten Einkauf

- ● 250 g Cocktailtomaten
- ● 1 Bund Petersilie (glatt)

TIPP *Da Quinoa wichtige Nährstoffe für die glutenfreie, vollwertige Küche liefert, haben wir für Sie dazu auf Seite 13 einige Informationen zur Verfügung gestellt.*

1. Quinoa gründlich waschen, nach Anleitung kochen und in einer Schüssel abkühlen lassen.

2. In der Zwischenzeit die Cocktailtomaten waschen und halbieren. Petersilie fein hacken.

3. Aus den angegebenen Zutaten das Dressing herstellen, mit den Tomaten und der Petersilie unter die abgekühlten Quinoakörner mischen, abschmecken und bei Bedarf nachwürzen.

Infos zum
Putzen der frischen
Zutaten finden Sie
im **„PUTZ"-ABC**
ab Seite 8

● ○ ✔
Erläuterung
der Symbole und
Einkaufshilfe
ab Seite 134

Kichererbsensalat

Zutaten aus dem Vorrat

- 150 g Kichererbsen

Für das Dressing:

- 150 g Naturjoghurt
- 1 TL Meer- oder Himalajasalz
- ○ 1 EL Balsamico bianco
- ○ 1 TL Currypulver

Zutaten Einkauf

- 250 g Cocktailtomaten
- 1 Bund Petersilie (glatt), davon die Hälfte
- 1 Staudensellerie, davon 2 Stängel

TIPP *Weitere Informationen zu Kichererbsen finden sie auf Seite 12-13.*

Dieser Salat benötigt etwas Vorbereitungszeit!

1. Kichererbsen über Nacht in reichlich kaltem Wasser einweichen.

2. Am nächsten Morgen die Kichererbsen nach Packungsanleitung weich kochen.

3. Das Kochwasser abgießen, die Kichererbsen abspülen und in einer Salatschüssel bereitstellen.

4. In der Zwischenzeit aus den angegebenen Zutaten das Dressing herstellen und in eine große Schüssel geben.

5. Petersilie fein hacken. Tomaten waschen und halbieren.

6. Zwei Stängel von der Staudensellerie putzen und in dünne Scheiben schneiden.

7. Alles mit dem Dressing und der gehackten Petersilie zu den Kichererbsen geben, gut mischen und eine halbe Stunde durchziehen lassen. Den Salat abschmecken und bei Bedarf nachwürzen.

Linsensalat

Zutaten aus dem Vorrat

Für das Dressing:

- 4 EL Sonnenblumenöl (kalt gepresst)
- 2 EL Balsamico bianco
- 1 TL Meer- oder Himalajasalz
- ¼ TL Pfeffer

Zutaten Einkauf

- 250 g Belugalinsen (oder Rote Linsen)
- 1 Stange Porree, davon 200 g
- 250 g Cocktailtomaten

1. Linsen waschen und nach Packungsannleitung kochen. (Die Belugalinsen sind in der Regel nach 20 Minuten weich gekocht.) Linsen abkühlen lassen.

2. In der Zwischenzeit aus den angegebenen Zutaten das Dressing herstellen und in eine große Schüssel geben.

3. Porree waschen, putzen und in sehr dünne Streifen schneiden.

4. Cocktailtomaten waschen und halbieren.

5. Abgekühlte Linsen, Porreestreifen (bis auf einen Esslöffel voll) und Cocktailtomaten mit dem Dressing mischen. Den Salat abschmecken und bei Bedarf nachwürzen.

6. Mit den restlichen Porreestreifen verzieren.

Infos zum Putzen der frischen Zutaten finden Sie im **„PUTZ"-ABC** ab Seite 8

● ○ ✔
Erläuterung der Symbole und Einkaufshilfe ab Seite 134

Infos zum
Putzen der frischen
Zutaten finden Sie
im „PUTZ"-ABC
ab Seite 8

● ○ ✔
Erläuterung
der Symbole und
Einkaufshilfe
ab Seite 134

Kartoffelsalat „mediterran“

Zutaten aus dem Vorrat

- 800 g Kartoffeln
- 100 g Zwiebeln

Für das Dressing:

- 6 EL Olivenöl
- ○ 6 EL Balsamico bianco
- 2 TL Meer- oder Himalajasalz
- ○ Pfeffer aus der Mühle

Zutaten Einkauf

- 500 g Cocktailtomaten
- 2 Paprikaschoten (rot und grün)
- » 150 g Pesto (selbst gemacht, siehe Seite 106)
- ○ 150 g Oliven (entsteint, in Lake)

1. Kartoffeln waschen, in Salzwasser ca. 20–30 Minuten gar kochen. Anschließend die Kartoffeln abgießen und abschrecken sowie schälen und etwas abkühlen lassen.

2. Die Kartoffeln in Scheiben schneiden und in eine Salatschüssel geben.

3. Aus den Gewürzen (Öl, Essig, Salz) und dem Pesto das Dressing herstellen. Oliven abschütten, ggf. klein schneiden und zum Dressing geben.

4. Zwiebeln häuten, in kleine Würfel schneiden. Cocktailtomaten waschen und halbieren. Paprika putzen, klein schneiden und alles zu den Kartoffeln geben.

5. Dressing zum Kartoffelsalat geben und mischen. Pfeffer aus der Mühle darübermahlen. Alles noch einmal mischen und den Salat eine halbe Stunde durchziehen lassen.

6. Den Salat vor dem Servieren abschmecken und bei Bedarf nachwürzen.

Infos zum Putzen der frischen Zutaten finden Sie im **„PUTZ"-ABC** ab Seite 8

● ○ ✔
Erläuterung der Symbole und Einkaufshilfe ab Seite 134

Kartoffelsalat mit Salatgurke

Zutaten aus dem Vorrat

- 800 g Kartoffeln

Für das Dressing:

- 150 g Naturjoghurt
- 200 g Crème fraîche
- 2 TL Meer- oder Himalajasalz
- ○ 4 EL Balsamico bianco

- ○ Pfeffer aus der Mühle

Zutaten Einkauf

- 1 Bund Dill
- 1 Bund Schnittlauch
- 1 Salatgurke, davon die Hälfte

TIPP *Diesen Salat können Sie auch mit einem Öl-Essig-Dressing zubereiten: 8 EL Öl, 4 EL Balsamico bianco und Salz. Zubereitung wie gehabt.*

1. Kartoffeln waschen und in Salzwasser ca. 20–30 Minuten gar kochen. Anschließend abgießen und abschrecken sowie schälen und etwas abkühlen lassen.

2. In der Zwischenzeit Dill und Schnittlauch fein hacken. Salatgurke waschen, halbieren und eine Hälfte in dünne Scheiben schneiden.

3. Aus den angegebenen Zutaten das Dressing herstellen.

4. Die Kartoffeln in Scheiben schneiden und in eine Salatschüssel geben.

5. Kartoffel- und Gurkenscheiben sowie Gewürze und Dressing gut mischen. Pfeffer aus der Mühle nach Geschmack darübermahlen. Alles noch einmal mischen und den Salat eine halbe Stunde durchziehen lassen.

6. Den Salat vor derm Servieren abschmecken und und bei Bedarf nachwürzen.

Roter Nudelsalat

Zutaten aus dem Vorrat

- ○ 300 g Nudeln (glutenfrei)

Für das Dressing:

- ● 6 EL Sonnenblumenöl (kalt gepresst)
- ○ 3 EL Balsamico bianco
- ✔ 1 EL Agavendicksaft
- ● 1 TL Meer- oder Himalajasalz
- ○ Pfeffer aus der Mühle

Zutaten Einkauf

- ○ 100 g getrocknete Tomaten
- ● 1 Bund Basilikum
- ● 200 g Fetakäse (in Salzlake)

1. Die getrockneten Tomaten über Nacht in reichlich Wasser einweichen.

2. Nudeln nach Packungsanleitung bissfest kochen.

3. In der Zwischenzeit Basilikum abzupfen, waschen, klein schneiden und zur Seite stellen.

4. Tomaten abgießen und in mundgerechte Stücke schneiden.

5. Aus den angegebenen Zutaten das Dressing herstellen.

6. Die Nudeln abgießen, mit kaltem Wasser abschrecken und abtropfen lassen. Fetakäse in kleine Stücke zerteilen. Fetakäse, Dressing und Tomaten zu den Nudeln geben und alles mischen.

7. Salat abschmecken und bei Bedarf nachwürzen. Pfeffer aus der Mühle darübermahlen.

8. Basilikumblätter auf dem Salat verteilen und kurz vor dem Servieren untermischen.

Infos zum Putzen der frischen Zutaten finden Sie im **„PUTZ"-ABC** ab Seite 8

● ○ ✔ Erläuterung der Symbole und Einkaufshilfe ab Seite 134

Infos zum Putzen der frischen Zutaten finden Sie im „PUTZ"-ABC ab Seite 8

● ○ ✔
Erläuterung der Symbole und Einkaufshilfe ab Seite 134

Nudelsalat „ruck, zuck“

Zutaten aus dem Vorrat

- ○ 250 g Nudeln (glutenfrei)

Für das Dressing:

- ● 8 EL Sonnenblumenöl (kalt gepresst)
- ○ 4 EL Balsamico bianco
- ● 1 TL Meer- oder Himalajasalz
- ○ 1 TL Salatkräuter (getrocknet)

- ○ Pfeffer aus der Mühle

Zutaten Einkauf

- ● 500 g Strauchtomaten
- ● 1 Paprikaschote
- ● 1 Salatgurke, davon die Hälfte
- ● Staudensellerie, davon 100 g

TIPP *Schneiden Sie vom Staudensellerie die grünen Blätter klein und geben Sie diese vor dem Servieren über den Salat.*

1. Nudeln nach Packungsanleitung bissfest kochen.

2. In der Zwischenzeit Tomaten und Paprika sowie Salatgurke und Staudensellerie putzen und in kleine Stücke schneiden.

3. Aus den angegebenen Zutaten das Dressing herstellen.

4. Die Nudeln abgießen, mit kaltem Wasser abschrecken und abtropfen lassen.

5. Die Nudeln mit dem Dressing und den klein geschnittenen Zutaten mischen.

6. Salat abschmecken und bei Bedarf nachwürzen. Pfeffer aus der Mühle darübermahlen.

Nudelsalat mit Oliven

Zutaten aus dem Vorrat

- ○ 250 g Nudeln (glutenfrei)

Für das Dressing:

- ● 8 EL Olivenöl
- ○ 4 EL Balsamico bianco
- ○ 1 EL Kräuter der Provence (getrocknet)
- ● 1 TL Meer- oder Himalajasalz
- ○ Pfeffer aus der Mühle

Zutaten Einkauf

- ● 250 g Cocktailtomaten
- ● 1 Bund Frühlingszwiebeln, davon 2–3 Stangen
- ● 200 g Fetakäse (in Salzlake)
- ○ 150 g Oliven (entsteint, in Lake)

TIPP *Wer gern Knoblauch isst, kann frisch gepressten Knoblauch unter diesen Salat mischen.*

1. Nudeln nach Anleitung bissfest kochen.

2. In der Zwischenzeit aus den angegebenen Zutaten das Dressing herstellen.

3. Cocktailtomaten waschen und halbieren.

4. Frühlingszwiebeln putzen und in dünne Ringe schneiden.

5. Fetakäse zerkleinern. Oliven abgießen und ggf. in Scheiben schneiden.

6. Die Nudeln abgießen, mit kaltem Wasser abschrecken und abtropfen lassen.

7. Die Nudeln mit dem Dressing und den klein geschnittenen Zutaten mischen.

8. Pfeffer aus der Mühle darübermahlen. Salat abschmecken und bei Bedarf nachwürzen.

Nudelsalat „frühlingsfrisch"

Zutaten aus dem Vorrat

- ○ 300 g Nudeln (glutenfrei)

Für das Dressing:

- ● 150 g Naturjoghurt
- ● 200 g Crème fraîche
- ○ 2 EL Balsamico bianco
- ● 1 TL Meer- oder Himalajasalz
- ○ ¼ TL Pfeffer

Zutaten Einkauf

- ● 1 Bund Schnittlauch
- ● 1 Bund Frühlingszwiebeln
- ● 1 Bund Radieschen

TIPP *Dieser Salat schmeckt am besten frisch gemacht!*

GEHEIMTIPP *Herstellung von Radieschenblüten: Radieschen viermal über Kreuz einschneiden. Die rote Schale mit der Messerspitze dünn abschälen. Die Radieschen in kaltes Wasser legen, bis sich die Blüten deutlich geöffnet haben.*

1. Nudeln nach Packungsanleitung bissfest kochen.

2. In der Zwischenzeit aus den angegebenen Zutaten das Dressing herstellen.

3. Schnittlauch und Frühlingszwiebeln putzen und in dünne Ringe schneiden. Radieschen waschen, Blatt- und Wurzelansatz entfernen und in Scheiben schneiden. (Einige Radieschen für Radieschenblüten zur Seite stellen.)

4. Die Nudeln abgießen, mit kaltem Wasser abschrecken, abtropfen lassen, mit dem Dressing und den klein geschnittenen Zutaten mischen.

5. Salat abschmecken und bei Bedarf nachwürzen.

Infos zum Putzen der frischen Zutaten finden Sie im **„PUTZ"-ABC** ab Seite 8

● ○ ✔ Erläuterung der Symbole und Einkaufshilfe ab Seite 134

Infos zum Putzen der frischen Zutaten finden Sie im „PUTZ"-ABC ab Seite 8

● ○ ✔ Erläuterung der Symbole und Einkaufshilfe ab Seite 134

Nudelsalat mit Ziegenkäsedressing

Zutaten aus dem Vorrat

- ○ 250 g Nudeln (glutenfrei)
- ● 100 g Walnusskerne

Für das Dressing:

- ● 200 g Schlagsahne
- ✔ 1 EL Agavendicksaft
- ● 1 TL Meer- oder Himalajasalz
- ○ 1 TL Balsamico bianco

- ○ Pfeffer aus der Mühle

Zutaten Einkauf

- ● 1 Bund Petersilie (glatt)
- ● Staudensellerie, davon 100 g
- ● 125 g Ziegenfrischkäse

1. Nudeln nach Packungsanleitung bissfest kochen.

2. In der Zwischenzeit die Walnusskerne grob hacken und in einer Pfanne ohne Fett bei mittlerer Hitze rösten.

3. Aus den angebenen Zutaten das Dressing herstellen.

4. Die Nudeln abgießen, mit kaltem Wasser abschrecken, abtropfen lassen und mit dem Dressing mischen.

5. Petersilie grob hacken. Staudensellerie putzen und mit der Petersilie zu den Nudeln geben.

6. Ziegenfrischkäse in kleinen Stücken auf den Nudeln verteilen.

7. Alles gut mischen. Pfeffer aus der Mühle darübermahlen. Salat abschmecken und bei Bedarf nachwürzen.

8. Geröstete Walnusskerne auf dem Salat verteilen.

Suppen & Eintöpfe

ALLGEMEINE HINWEISE ZU UNSEREN SUPPEN

Zum Glück ist Gemüse von Natur aus glutenfrei! Da man zu jeder Jahreszeit saisonales, frisches Gemüse bekommen kann, finden Sie auf den nächsten Seiten viele leckere Suppen, die Sie wirklich schnell nachkochen können.

Wir verwenden für unsere Suppen Quinoa, Linsen, Hülsenfrüchte, Hirse und Buchweizen. Diese Nahrungsmittel sind zwar von Natur aus glutenfrei, trotzdem haben wir auf vielen Verpackungsetiketten den Hinweis „kann Spuren von Gluten enthalten" gefunden. Wir haben deshalb in unseren Rezepten Produkte empfohlen, die Sie auf jeden Fall glutenfrei bekommen können. Bitte lesen Sie die jeweiligen Etiketten sorgfältig durch und informieren Sie sich über die Hersteller von glutenfreien Produkten bei der Deutschen Zöliakie Gesellschaft.

Informationen dazu finden Sie unter: www.dzg-online.de

„PUTZ"-ABC

In unserem „Putz"-ABC (Seite 8-11) erklären wir, wie man Gemüse, Salate, Kräuter sowie Obst für die jeweiligen Gerichte vorbereitet. Dieser Vorgang wird in den Rezepten mit dem Wort „putzen" beschrieben.

Infos zum
Putzen der frischen
Zutaten finden Sie
im **„PUTZ"-ABC**
ab Seite 8

● ○ ✔
Erläuterung
der Symbole und
Einkaufshilfe
ab Seite 134

Klare Brühe

Zutaten aus dem Vorrat

- 1½ l Wasser
- 1 TL Meer- oder Himalajasalz
- ◦ ¼ TL Pfeffer

Zutaten Einkauf

- 1 Stange Porree
- 1 Knollensellerie
- 3 Möhren
- 1 Bund Petersilie

TIPP *Eine schnelle klare Brühe können Sie mit gekörnter hefefreier Gemüsebrühe herstellen!*

GEHEIMTIPP *Das aufgefangene Gemüse können Sie als Grundlage für eine Tomatensoße verwenden. Das Rezept dazu finden Sie auf Seite 68.*

1. Wasser mit Salz zum Kochen bringen.

2. In der Zwischenzeit:
Porree und Knollensellerie sowie Möhren putzen, in Stücke schneiden, ins Wasser geben und 60 Minuten köcheln lassen.

3. Nach der Kochzeit die Suppe durch ein Sieb in einen anderen Topf gießen. Das aufgefangene Gemüse zur Seite stellen.

4. Die Petersilie fein hacken.

5. Die klare Brühe noch einmal kurz erhitzen, abschmecken und bei Bedarf nachwürzen.

6. Mit gehackter Petersilie bestreuen und servieren.

Klare Brühe mit Butterklößchen

Zutaten aus dem Vorrat

» Klare Brühe – Grundrezept, siehe Seite 41

Für die Butterklößchen:

- ● 50 g Butter
- ● 2 Eier
- ● 1 ½ TL Meer- oder Himalajasalz
- ○ 2 Prisen Muskatnuss (gerieben)
- ✔ 2 TL Johannisbrotkernmehl
- ✔ ca. 50 g Vollkornbrösel (Paniermehl)
- ● 1 l Wasser

Zutaten Einkauf

- ● 1 Bund Petersilie (kraus)

1. Klare Brühe nach dem Grundrezept von Seite 41 herstellen.

2. Während die Suppe kocht:
Die Butter schmelzen, Eier und Gewürze sowie Johannisbrotkernmehl dazugeben und alles verquirlen.

3. Nach und nach Paniermehl mit den Händen einkneten, bis die Masse formbar wird.

4. Einen Liter Wasser zum Kochen bringen.

5. Mit feuchten Händen aus der Masse Klößchen formen und im Wasser (nicht mehr kochend) gar ziehen lassen. Die Klößchen mit dem Schaumlöffel aus dem Wasser heben und in die klare Brühe umfüllen.

6. Petersilie fein hacken.

7. Die Suppe mit der gehackten Petersilie bestreuen und servieren.

Infos zum Putzen der frischen Zutaten finden Sie im **„PUTZ"-ABC** ab Seite 8

● ○ ✔ Erläuterung der Symbole und Einkaufshilfe ab Seite 134

Klare Brühe mit Eierstich

Zutaten aus dem Vorrat

» Klare Brühe – Grundrezept, siehe Seite 41

- ● 1 l Wasser
- ● 4 Eier
- ● 120 g Schlagsahne
- ● 1 TL Meer- oder Himalajasalz
- ○ 1 Prise Muskatnuss (gerieben)

Zutaten Einkauf

- ● 1 Bund Petersilie (glatt)

1. Klare Brühe nach dem Grundrezept von Seite 41 herstellen.

2. Während die Suppe kocht:
Einen Liter Wasser zum Kochen bringen.

3. Aufgeschlagene Eier, Sahne und Gewürze mit dem Stabmixer verquirlen.

4. Die Eiermasse in einen kochfesten Gefrierbeutel füllen, diesen locker ins Wasser setzen (das Wasser darf nicht mehr kochen) und den Eierstich 10–15 Minuten ziehen lassen, bis die gesamte Masse gestockt ist.

5. Den Gefrierbeutel aus dem Wasser heben, den Eierstich herausnehmen und in kleine Würfel schneiden.

6. Petersilie fein hacken.

7. Die Eierstichwürfel auf der Suppe verteilen, mit gehackter Petersilie bestreuen und servieren.

Infos zum Putzen der frischen Zutaten finden Sie im „**PUTZ**"-**ABC** ab Seite 8

● ○ ✔
Erläuterung der Symbole und Einkaufshilfe ab Seite 134

Klare Brühe mit „Flädle“

Zutaten aus dem Vorrat

» Klare Brühe – Grundrezept, siehe Seite 41
- 200 ml Vollmilch
- 2 Eier
- ✔ 100 g Reismehl
- Kokos- oder Palmfett (ungehärtet), 1 TL–1 EL, je nach Pfanne pro Bratvorgang zum Ausbacken der „Flädle“

Zutaten Einkauf

- 1 Bund Petersilie (kraus)

HINWEIS *„Flädle“ sind dünne Pfannkuchen. Das Foto zu diesem Rezept finden Sie auf Seite 43.*

1. Klare Brühe nach dem Grundrezept von Seite 41 herstellen.

2. **Während die Suppe kocht:**
Vollmilch, aufgeschlagene Eier und Reismehl in eine hohe Rührschüssel geben und mit dem Stabmixer verquirlen. Den Teig 10 Minuten quellen lassen.

3. Kokos- oder Palmfett in einer Pfanne erhitzen und den Boden dünn mit Teig bedecken. Den Pfannkuchen bei niedriger Temperatur backen und zwischendurch wenden.

4. Den Pfannkuchen aus der Pfanne nehmen, sofort aufrollen und auskühlen lassen.

5. Petersilie fein hacken.

6. Die Pfannkuchen nach dem Auskühlen in dünne Streifen schneiden und in die klare Brühe geben.

7. Die Brühe mit der gehackten Petersilie bestreuen und servieren.

Infos zum Putzen der frischen Zutaten finden Sie im **„PUTZ"-ABC** ab Seite 8

● ○ ✔
Erläuterung der Symbole und Einkaufshilfe ab Seite 134

Kräutercrèmesuppe

Zutaten aus dem Vorrat

- ○ 1 l Gemüsebrühe
- ● 1 EL Butter
- ✔ 6 EL Reismehl
- ○ 1 TL Kräutersalz
- ● 1 TL Meer- oder Himalajasalz
- ○ ¼ TL Pfeffer
- ○ Muskatnuss (gerieben), nach Geschmack
- ● 200 g Schlagsahne

Zutaten Einkauf

- ● 1 Bund Dill
- ● 1 Bund Petersilie (kraus)
- ● 1 Bund Schnittlauch

TIPP *Eine schnell und einfach zubereitete Suppe!*

1. Gemüsebrühe nach Packungsanleitung herstellen, siehe Kochtipps auf Seite 11.

2. Butter in einem großen Topf erhitzen.

3. Reismehl einrühren bis sich ein Kloß bildet, mit Gemüsebrühe ablöschen und unter Rühren die restliche Gemüsebrühe dazugeben.

4. Kräuter grob hacken und davon 2 EL zur Seite stellen.

5. Den Rest der gehackten Kräuter in die Brühe einrühren und mit dem Stabmixer pürieren.

6. Mit Salz, Pfeffer und Muskatnuss würzen und mit Sahne verfeinern.

7. Mit den zur Seite gestellten Kräutern garnieren.

Selleriesuppe

Zutaten aus dem Vorrat

- ○ 1 l Gemüsebrühe
- ● 50 g Zwiebeln
- ● 1 EL Kokos- oder Palmfett (ungehärtet)
- ● 200 g Kartoffeln
- ● 1 TL Meer- oder Himalajasalz
- ○ 1 TL Kräutersalz
- ● 100 g Schlagsahne
- ○ Pfeffer aus der Mühle
- » 2 Scheiben Brot (glutenfrei)

Zutaten Einkauf

- ● 1 kleiner Knollensellerie (ca. 500 g)

TIPP *Viele abwechslungsreiche Brotrezepte finden Sie in »Glutenfrei & vegetarisch – Kochen und Backen, Band 1«.*

1. Gemüsebrühe nach Packungsanleitung herstellen, siehe Kochtipps auf Seite 11.

2. Zwiebeln häuten, in Würfel schneiden und in Kokos- oder Palmfett dünsten.

3. Knollensellerie und Kartoffeln schälen und klein schneiden.

4. Das klein geschnittene Gemüse zu den Zwiebeln geben und mit Gemüsebrühe auffüllen.

5. Salz sowie Kräutersalz dazugeben und 20 Minuten köcheln lassen.

6. Nach der Garzeit Sahne hinzufügen, alles mit dem Stabmixer pürieren und Pfeffer aus der Mühle darübermahlen.

7. Brotscheiben in einer Pfanne ohne Fett bei mittlerer Hitze goldbraun rösten. Brotscheiben aus der Pfanne nehmen, etwas abkühlen lassen und in Würfel schneiden.

8. Die Suppe portionsweise in Teller füllen und die Brotwürfel in die Mitte setzen.

Spargelcrèmesuppe

Zutaten aus dem Vorrat

- ○ 1 l Gemüsebrühe
- ● 2 EL Zitronensaft
- ● 1 EL Butter
- ✔ 6 EL Reismehl
- ● 200 g Schlagsahne
- ● 1 TL Meer- oder Himalajasalz
- ○ ¼ TL Pfeffer
- ○ Muskatnuss (gerieben), nach Geschmack

Zutaten Einkauf

- ● 500 g Spargel

TIPP *Eine Spargelcrèmesuppe eignet sich wunderbar als leichte Vorspeise!*

1. Gemüsebrühe nach Packungsanleitung herstellen, siehe Kochtipps auf Seite 11.

2. Spargel schälen, in 2 cm dicke Stücke schneiden und in der Gemüsebrühe, Zitronensaft und Butter 15 Minuten kochen.

3. Nach der Garzeit einige Spargelstücke aus der Suppe schöpfen und zur Seite stellen.

4. Reismehl mit etwas Wasser anrühren, zur Suppe geben und aufkochen lassen.

5. Den Topf von der Herdplatte ziehen und die Sahne einrühren. Mit Salz, Pfeffer und Muskatnuss würzen und mit dem Stabmixer pürieren.

6. Die zurückgestellten Spargelstücke in die Suppe geben und alles noch einmal aufkochen lassen.

Infos zum Putzen der frischen Zutaten finden Sie im „**PUTZ**"-**ABC** ab Seite 8

● ○ ✔ Erläuterung der Symbole und Einkaufshilfe ab Seite 134

Infos zum
Putzen der frischen
Zutaten finden Sie
im **„PUTZ"-ABC**
ab Seite 8

● ○ ✔
Erläuterung
der Symbole und
Einkaufshilfe
ab Seite 134

Kartoffelsuppe mit Avocado-Paprika-Einlage

Zutaten aus dem Vorrat

- ○ 1 l Gemüsebrühe
- ● 500 g Kartoffeln
- ● 1 EL Kokos- oder Palmfett (ungehärtet)
- ● 1 TL Meer- oder Himalajasalz
- ○ ¼ TL Pfeffer
- ● 2 EL Crème fraîche

Für die Avocadocreme:

- ● 1 Zitrone, davon den Saft einer Hälfte
- ○ 1 TL Kräutersalz

Zutaten Einkauf

- ● 1 Stange Porree, davon 100 g
- ● 1 Paprikaschote
- ● 1 Avocado

1. Gemüsebrühe nach Packungsanleitung herstellen, siehe Kochtipps auf Seite 11.

2. Porree putzen, klein schneiden und in Butter in einem großen Topf dünsten.

3. Kartoffeln schälen, klein schneiden, zu dem Porree geben, mit der Gemüsebrühe auffüllen und 30 Minuten köcheln lassen.

4. Nach der Garzeit alles mit dem Kartoffelstampfer durchstampfen, mit den Gewürzen nach Bedarf abschmecken und Crème fraîche einrühren.

5. Paprika putzen und in kleine Würfel schneiden.

6. Die Avocado halbieren, den Kern entfernen, das Fruchtfleisch aus der Schale lösen, mit der Gabel zerdrücken und mit Kräutersalz und Zitronensaft würzen.

7. Die Suppe auf Teller verteilen, die Avocadocreme in die Mitte setzen und die Paprikastücke darüberstreuen.

Kürbiscrèmesuppe mit Ingwer

Zutaten aus dem Vorrat

- ○ 1 l Gemüsebrühe
- ● 50 g Zwiebeln
- ● 100 g Kartoffeln
- ● 1 EL Kokos- oder Palmfett (ungehärtet)
- ○ 1 TL Gemüsebrühe (gekörnt)
- ● Meer- oder Himalajasalz
- ○ Chilipulver

Zutaten Einkauf

- ● 1 Hokkaidokürbis (ca. 1 kg)
- ● 1 Möhre (mittelgroß)
- ● Ingwer, davon 1 EL frisch gerieben (oder 1 TL Ingwerpulver)
- ○ 200 ml Kokosmilch

TIPP *Falls Sie die Suppe gern flüssiger haben möchten, fügen Sie einfach noch etwas Gemüsebrühe hinzu!*

1. Gemüsebrühe nach Packungsanleitung herstellen, siehe Kochtipps auf Seite 11.

2. Hokkaidokürbis vierteln, die Kerne und das faserige Fruchtfleisch entfernen. Den Kürbis klein schneiden. (Hokkaidokürbis kann mit Schale gekocht werden.)

3. Zwiebeln häuten, Möhren putzen, Kartoffeln schälen, alles in Würfel schneiden und in einem großen Topf in Kokos- oder Palmfett 2–3 Minuten dünsten. Ingwer schälen, reiben und hinzugeben.

4. Mit der Gemüsebrühe auffüllen und 15–20 Minuten köcheln lassen, bis das Gemüse weich ist.

5. Suppe mit dem Stabmixer pürieren, Gemüsebrühe (gekörnt) dazugeben. Kokosmilch einrühren und alles noch einmal kurz erhitzen.

6. Die Suppe mit Salz und Chilipulver nach Bedarf abschmecken.

Rote-Bete-Suppe

Zutaten aus dem Vorrat

- ○ 1 l Gemüsebrühe
- ● 30 g Zwiebeln
- ● 200 g Kartoffeln
- ● 150 g Crème fraîche
- ● 1 TL Meer- oder Himalajasalz
- ○ ¼ TL Pfeffer

Zutaten Einkauf

- ● 400 g Rote Beten (frisch)
- ● 1 Bund Petersilie (kraus)

TIPP *Wer beim Zubereiten von Roten Beten Einmalhandschuhe trägt, braucht sich keine Gedanken um die Verfärbung der Hände zu machen!*

1. Gemüsebrühe nach Packungsanleitung herstellen, siehe Kochtipps auf Seite 11.

2. Zwiebeln häuten, Kartoffeln und Rote Beten schälen. Alles würfeln.

3. Das Gemüse mit der Gemüsebrühe auffüllen und 30 Minuten köcheln lassen.

4. Nach der Garzeit 3 EL Crème fraîche in die Suppe geben. Mit Salz und Pfeffer abschmecken, mit dem Stabmixer pürieren und eventuell nachwürzen.

5. Petersilie fein hacken.

6. Die Suppe auf Teller verteilen, in die Mitte je 1 TL Crème fraîche setzen, mit Petersilie bestreuen und servieren.

Infos zum Putzen der frischen Zutaten finden Sie im „**PUTZ**"-**ABC** ab Seite 8

● ○ ✔ Erläuterung der Symbole und Einkaufshilfe ab Seite 134

Buchweizenklößchen

Zutaten aus dem Vorrat

- ● 100 g Zwiebeln
- ● 1 TL Kokos- oder Palmfett (ungehärtet)
- ✔ 125 g Buchweizen (ganze Körner)
- ✔ 125 g Buchweizenmehl
- ● 500 ml Wasser
- ● 1 TL Meer- oder Himalajasalz
- ○ 1 TL Gemüsebrühe (gekörnt)
- ○ ¼ TL Pfeffer
- ● 1 EL Kokos- oder Palmfett (ungehärtet) pro Bratvorgang für die Buchweizenbratlinge

Zutaten Einkauf

- ● 1 Bund Petersilie (glatt), davon die Hälfte

1. Zwiebeln häuten, klein schneiden und in Kokos- oder Palmfett dünsten.

2. Petersilie fein hacken.

3. Ganze Buchweizenkörner waschen und in 500 ml Wasser 20 Minuten kochen.

4. Danach das Buchweizenmehl, die Gewürze und die angedünsteten Zwiebeln dazugeben, kurz aufkochen und 10 Minuten quellen lassen.

5. Nach dem Quellen Petersilie dazugeben – etwas abkühlen lassen – und kräftig durchkneten. (Dies geht bei der heißen Masse am besten mit Einmalhandschuhen.)

6. Aus der Buchweizenmasse Klöße formen und in einer Pfanne in Kokos- oder Palmfett nach und nach bei mittlerer Temperatur goldgelb braten.

● ○ ✔ Erläuterung der Symbole und Einkaufshilfe ab Seite 134

Infos zum Putzen der frischen Zutaten finden Sie im **„PUTZ“-ABC** ab Seite 8

Rote-Bete-Eintopf mit Buchweizenklößchen

Zutaten aus dem Vorrat

- ○ 1 l Gemüsebrühe
- ● 50 g Zwiebeln
- ● 50 g Walnussbruch
- ● 1–2 EL Kokos- oder Palmfett (ungehärtet)
- ○ 2 EL Balsamico bianco
- ● 1 EL Vollrohrzucker
- ○ ½ TL Gemüsebrühe (gekörnt)

» Buchweizenklößchen – Rezept, siehe Seite 54

Zutaten Einkauf

- ● 200 g Möhren
- ● 400 g Rote Beten
- ● 1 kleiner Weißkohl, davon 200 g

1. Gemüsebrühe nach Packungsanleitung herstellen, siehe Kochtipps auf Seite 11.

2. Zwiebeln häuten, in Würfel schneiden und mit den Walnüssen in Kokos- oder Palmfett in einem großen Topf anbraten.

3. Möhren sowie Rote Beten schälen und in Würfel schneiden. Weißkohl vierteln, den Strunk entfernen und in dünne Streifen schneiden.

4. Das Gemüse zu den Zwiebeln geben, mit der Gemüsebrühe auffüllen, würzen und 20 Minuten köcheln lassen.

5. In der Zwischenzeit die Buchweizenklößchen nach dem Rezept von Seite 54 herstellen.

6. Die gebratenen Buchweizenklößchen in die Suppe geben und alles 10 Minuten köcheln lassen.

Infos zum Putzen der frischen Zutaten finden Sie im **„PUTZ"-ABC** ab Seite 8

● ○ ✔
Erläuterung der Symbole und Einkaufshilfe ab Seite 134

Gemüsesuppe

Zutaten aus dem Vorrat

- ○ 1 l Gemüsebrühe
- 200 g Kartoffeln
- ½ TL Meer- oder Himalajasalz

Zutaten Einkauf

- 1 Bund Suppengrün (ca. 500 g)
- 250 g Brokkoli
- 200 g Kohlrabi

TIPP *Für diese Suppe können Sie anstelle der Kartoffeln auch 200 g Nudeln verwenden. In diesem Fall kochen Sie die Nudeln direkt mit dem Gemüse.*

1. Gemüsebrühe nach Packungsanleitung herstellen, siehe Kochtipps auf Seite 11.

2. Die Petersilie vom Suppengrün fein hacken und für Schritt 5 zur Seite stellen.

3. Restliches Suppengrün waschen und klein schneiden. Brokkoli waschen und Röschen herausschneiden. Kartoffeln sowie Kohlrabi schälen und in kleine Stücke schneiden.

4. Das zerkleinerte Gemüse in der Gemüsebrühe ca. 15 Minuten bissfest kochen.

5. Die Suppe würzen, abschmecken und mit der gehackten Petersilie bestreut servieren.

Vegetarisches Chili con Quinoa

Zutaten aus dem Vorrat

- ○ 800 ml Gemüsebrühe
- ● 100 g Zwiebeln
- ● 1 TL–1 EL Kokos- oder Palmfett (ungehärtet)
- ✔ 200 g Quinoa (Gold-Korn)
- ● 1–2 TL Meer- oder Himalajasalz
- ○ ¼ TL Chilipulver

Zutaten Einkauf

- ○ 200 g Kidneybohnen oder rote Nierenbohnen (getrocknet)
- ● 1 kg Strauchtomaten
- ● 2 Paprikaschoten
- ● 1 Chilischote (frisch)

TIPP *Servieren Sie dazu eines unserer herzhaften Brote aus »Glutenfrei & vegetarisch – Kochen und Backen, Band 1«.*

1. Gemüsebrühe nach Packungsanleitung herstellen, siehe Kochtipps auf Seite 11.

2. Bohnen über Nacht in reichlich kaltem Wasser einweichen.

3. Am nächsten Morgen die Bohnen nach Packungsanleitung weich kochen.

4. Das Kochwasser abgießen, die Bohnen abspülen und beiseitestellen.

5. Zwiebeln häuten und klein schneiden. Tomaten, Paprika- und Chilischoten putzen. Tomaten und Paprikaschoten in mundgerechte Stücke und die Chilischote in feine Streifen schneiden. Alles in einem großen Topf in Kokos- oder Palmfett dünsten.

6. Mit der Gemüsebrühe auffüllen.

7. Quinoa (gründlich gewaschen) und die Bohnen mit der Gemüsebrühe zu dem gedünsteten Gemüse geben. Mit Salz und Chilipulver (je nach gewünschter Schärfe) abschmecken.

8. Alles 15–20 Minuten köcheln lassen und eventuell nachwürzen. Falls Sie das Chili eher als Suppe essen möchten, fügen Sie noch etwas Gemüsebrühe hinzu.

Infos zum Putzen der frischen Zutaten finden Sie im **„PUTZ“-ABC** ab Seite 8

● ○ ✔
Erläuterung der Symbole und Einkaufshilfe ab Seite 134

Infos zum Putzen der frischen Zutaten finden Sie im **„PUTZ"-ABC** ab Seite 8

● ○ ✔
Erläuterung der Symbole und Einkaufshilfe ab Seite 134

Kichererbseneintopf

Zutaten aus dem Vorrat

- 250 g Kichererbsen
- 1 l Gemüsebrühe
- 250 g Kartoffeln
- 100 g Zwiebeln
- 1 EL Kokos- oder Palmfett (ungehärtet)
- 4 EL Schlagsahne
- 1 TL Gemüsebrühe (gekörnt)
- Meer- oder Himalajasalz
- Pfeffer aus der Mühle

Zutaten Einkauf

- 250 g Möhren
- 250 g Mangold
- 1 Bund Petersilie (glatt)

TIPP *Da Kichererbsen über Nacht eingeweicht werden müssen, sollten Sie direkt eine größere Menge vorbereiten! So haben Sie die Möglichkeit, weitere Gerichte schnell zuzubereiten.*

1. Die Kichererbsen über Nacht einweichen.

2. Am nächsten Tag 1 Liter Gemüsebrühe nach Packungsanleitung herstellen, siehe Kochtipps auf Seite 11, und die Kichererbsen (ohne Einweichwasser) darin 80 Minuten kochen.

3. Kartoffeln waschen, schälen und klein schneiden. Zwiebeln häuten, in Stücke schneiden und in Kokos- oder Palmfett dünsten.

4. Möhren putzen und Mangold waschen. Die Möhren in Scheiben und den Mangold in 2 cm breite Streifen schneiden. Das Gemüse zu den gedünsteten Zwiebeln geben.

5. Vom Kochwasser der Kichererbsen etwas Flüssigkeit abschöpfen, diese zum Gemüse geben und alles 10 Minuten gar köcheln lassen.

6. Die Kartoffeln zu den gekochten Kichererbsen geben und weitere 30 Minuten kochen.

7. Kichererbsen und Kartoffeln mit dem Kartoffelstampfer einmal durchstampfen. (Die Kichererbsen-Kartoffelmasse soll nicht die Beschaffenheit von Kartoffelbrei bekommen, sondern noch Stücke von Kartoffeln und Kichererbsen enthalten).

8. Das Möhren-Mangold-Gemüse und die Sahne zur Kichererbsen-Kartoffelmasse geben, alles unter Rühren noch einmal kurz aufkochen lassen.

9. Den Eintopf mit Gemüsebrühe (gekörnt), Salz und Pfeffer aus der Mühle abschmecken. Petersilie fein hacken und die Suppe damit bestreuen.

Linsensuppe

Zutaten aus dem Vorrat

- ○ 1½ l Gemüsebrühe
- ● 100 g Zwiebeln
- ● 400 g Kartoffeln
- ● 1–2 TL Meer- oder Himalajasalz
- ○ 1 EL Apfelessig
- ○ ½ TL Pfeffer

Zutaten Einkauf

- ● 1 Bund Suppengrün
- ○ Braune Linsen, davon 250 g

TIPP *Für den besonderen Geschmack: Schneiden Sie Frühlingszwiebeln sehr klein und streuen Sie davon 4 EL vor dem Servieren über die Suppe.*

Wir empfehlen braune Linsen für dieses Gericht, weil diese vor dem Kochen nicht eingeweicht werden müssen!

1. Gemüsebrühe nach Packungsanleitung herstellen, siehe Kochtipps auf Seite 11.

2. Zwiebeln häuten, Kartoffeln schälen, Suppengrün putzen und alles außer der Petersilie klein schneiden.

3. Das Gemüse mit den Gewürzen und den Linsen in der Gemüsebrühe 30–45 Minuten gar kochen.

4. Abschmecken und eventuell noch einmal mit den angegebenen Gewürzen nachwürzen.

5. Petersilie fein hacken und die Suppe vor dem Servieren damit bestreuen.

● ○ ✔ Erläuterung der Symbole und Einkaufshilfe ab Seite 134

Infos zum Putzen der frischen Zutaten finden Sie im „PUTZ"-ABC ab Seite 8

Gemüsetopf mit Linsenbällchen

Zutaten aus dem Vorrat

Für den Gemüsetopf:

- ○ 1½ l Gemüsebrühe
- ● 500 g Kartoffeln
- ○ 1 TL Kräutersalz
- ○ ¼ TL Pfeffer
- ● 1 TL Butter (zum Fetten der Auflaufform)

Für die Linsenbällchen:

- ● 50 g Zwiebeln
- ✔ 85 g Reismehl
- ○ ½ l Gemüsebrühe
- ● 1 TL Meer- oder Himalajasalz
- ● Kokos- oder Palmfett (zum Braten der Bällchen), je nach Pfanne 1 TL–1 EL pro Bratvorgang

Zutaten Einkauf

- ● 300 g Möhren
- ● 2 Stangen Porree
- ○ Rote Linsen, davon 150 g
- ● 1 Bund Petersilie (kraus)

TIPP *Bereiten Sie von den Bällchen direkt eine größere Menge zu und servieren Sie diese zu einem Salat.*

1. 2 Liter Gemüsebrühe nach Packungsanleitung herstellen, siehe Kochtipps auf Seite 11. Davon ½ Liter für das Kochen der Linsen in einen Kochtopf geben.

2. Kartoffeln und Möhren waschen, schälen und in Scheiben schneiden. Porree waschen, putzen und in dünne Ringe schneiden. Alles in eine große gefettete Auflaufform schichten.

3. In die restliche Gemüsebrühe Kräutersalz und Pfeffer einrühren und in die Auflaufform gießen, sodass das Gemüse vollständig mit der Flüssigkeit bedeckt ist. Die Auflaufform mit Alufolie abdecken und im vorgeheizten Backofen bei 180 °C für 50–60 Minuten garen.

4. In der Zwischenzeit die Linsen 10 Minuten in der bereitgestellten Gemüsebrühe kochen.

5. Die Zwiebeln häuten und klein schneiden. Petersilie fein hacken.

6. Nach der Garzeit der Linsen das Reismehl, die klein geschnittene Zwiebeln, 2 EL klein geschnittene Petersilie sowie die Gewürze einrühren, bis sich eine feste, zusammenhängende Masse gebildet hat. Den Topf von der Herdplatte ziehen und alles 10 Minuten quellen lassen.

7. Mit feuchten Händen kleine Klößchen formen (dies geht bei der heißen Masse am besten mit Einmalhandschuhen) und diese in Kokos- oder Palmfett rundherum kräftig anbraten.

8. Die Auflaufform aus dem Backofen nehmen und die Alufolie entfernen. Das Gemüse eventuell mit Salz und Pfeffer nachwürzen und die gebratenen Bällchen auf dem Gemüse verteilen. Mit der restlichen Petersilie bestreuen und servieren.

Infos zum
Putzen der frischen
Zutaten finden Sie
im **„PUTZ"-ABC**
ab Seite 8

● ○ ✔
Erläuterung
der Symbole und
Einkaufshilfe
ab Seite 134

Bohnensuppe

Zutaten aus dem Vorrat

- ○ 250 ml Gemüsebrühe
- ● 50 g Zwiebeln
- ● 1 EL Kokos- oder Palmfett (ungehärtet)
- ● 1 TL Meer- oder Himalajasalz
- ○ 1 Msp. Chilipulver

Zutaten Einkauf

- ○ Weiße Bohnen, davon 300 g
- ● 1 Bund Suppengrün
- ● 1 kg Strauchtomaten
- ● 1 Bund Petersilie (glatt)

TIPP *Die Bohnen müssen in der Regel 1–2 Stunden gekocht werden. Bitte berücksichtigen Sie dies bei den Vorbereitungen für dieses Gericht.*

1. Bohnen über Nacht in Wasser einweichen.

2. Am nächsten Tag die Bohnen nach Packungsanleitung kochen und abschütten.

3. Gemüsebrühe nach Packungsanleitung herstellen, siehe Kochtipps auf Seite 11.

4. Zwiebeln häuten, Suppengrün sowie Tomaten putzen und alles außer der Petersilie klein schneiden. Die klein geschnittenen Zutaten in einem großen Topf in Kokos- oder Palmfett dünsten.

5. Mit der Gemüsebrühe auffüllen, alles kurz aufkochen lassen und mit den Gewürzen abschmecken.

6. Die Petersilie fein hacken und die Suppe damit vor dem Servieren bestreuen.

Nudel-, Spätzle- & Kartoffelgerichte

„PUTZ"-ABC

In unserem „Putz"-ABC (Seite 8-11) erklären wir, wie man Gemüse, Salate, Kräuter sowie Obst für die jeweiligen Gerichte vorbereitet. Dieser Vorgang wird in den Rezepten mit dem Wort „putzen" beschrieben.

Nudeln mit Tomatensoße „klassisch"

Zutaten aus dem Vorrat

- ○ 500 g Nudeln (glutenfrei)
- ● 100 g Zwiebeln
- ● 1 EL Kokos- oder Palmfett (ungehärtet)
- ● 1 TL Meersalz
- ○ ¼ TL Pfeffer
- ● 1 EL Vollrohrzucker
- ● 1 EL Crème fraîche

Zutaten Einkauf

- ● 800 g Strauchtomaten

TIPP *Diese Tomatensoße lässt sich mit frisch gehackten Kräutern (Basilikum, Thymian, Oregano o. ä.) je nach Geschmack variieren.*

1. Nudeln nach Packungsanleitung bissfest kochen.

2. In der Zwischenzeit Zwiebeln häuten und in kleine Stücke schneiden.

3. Tomaten putzen und in kleine Stücke schneiden.

4. Kokos- oder Palmfett in einem Topf erhitzen, die klein geschnittenen Zutaten sowie Gewürze dazugeben und alles 20 Minuten dünsten.

5. Die Tomatenmasse vorsichtig mit dem Stabmixer pürieren.

6. Crème fraîche in die Soße einrühren.

7. Die Nudeln abgießen, mit kaltem Wasser abschrecken, abtropfen lassen und mit der Tomatensoße servieren.

● ○ ✔
Erläuterung der Symbole und Einkaufshilfe ab Seite 134

Infos zum Putzen der frischen Zutaten finden Sie im **„PUTZ"-ABC** ab Seite 8

Nudeln mit Walnusskernen, Petersilie und Walnussöl

Zutaten aus dem Vorrat

- 500 g Nudeln (glutenfrei)
- 200 g Walnusskerne (oder Walnussbruch)
- 1 EL Kokos- oder Palmfett (ungehärtet)
- 8 EL Walnussöl
- 1 TL Kräutersalz

Zutaten Einkauf

- 1 Bund Petersilie (glatt)

Das Foto zu diesem Rezept finden Sie auf Seite 66/67.

1. Nudeln nach Packungsanleitung bissfest kochen.

2. In der Zwischenzeit die Walnusskerne grob hacken.

3. Kokos- oder Palmfett in einer Pfanne schmelzen. Die gehackten Walnusskerne darin bei niedriger Temperatur erhitzen. Die Pfanne von der Herdplatte ziehen. Walnussöl und Gewürze dazugeben.

4. Petersilie fein hacken.

5. Die Nudeln abgießen, mit kaltem Wasser abschrecken, abtropfen lassen und wieder in den Kochtopf geben. Die Walnuss-Öl-Masse dazugeben.

6. Alles mischen und vor dem Servieren mit der gehackten Petersilie bestreuen.

Spätzle mit gebratenen Zwiebeln und Äpfeln

Zutaten aus dem Vorrat

- » Spätzle – Grundrezept, siehe Seite 71
- ● 400 g Zwiebeln
- ● 1 EL Kokos- oder Palmfett (ungehärtet)
- ✔ 1 EL Agavendicksaft
- ● 1 EL Kokos- oder Palmfett (ungehärtet), zum Aufwärmen der Spätzle

Zutaten Einkauf

- ● 6 Äpfel

1. Spätzle nach Grundrezept von Seite 71 zubereiten.

2. Zwiebeln häuten, halbieren, in Streifen schneiden und in Kokos- oder Palmfett anbraten.

3. Äpfel waschen, schälen und vierteln. Das Kerngehäuse entfernen, in dünne Streifen schneiden und mit Agavendicksaft zu den Zwiebeln geben. Alles 5 Minuten dünsten.

4. Die Spätzle in einer Pfanne mit Kokos- oder Palmfett kurz aufwärmen und mit den gebratenen Zwiebeln und Äpfeln anrichten.

● ○ ✔
Erläuterung der Symbole und Einkaufshilfe ab Seite 134

Spätzle – Grundrezept

Zutaten aus dem Vorrat

- ✔ 400 g Reismehl
- 4 Eier
- 120 ml Wasser
- 1 TL Meer- oder Himalajasalz
- ✔ 10 g Johannisbrotkernmehl
- 1 TL–1 EL Kokos- oder Palmfett (ungehärtet) zum Aufwärmen der Spätzle

Zutaten Einkauf

» kein Einkauf nötig

1. Alle Zutaten in eine Schüssel geben und mit einem Holzlöffel zu einem homogenen Teig verarbeiten, bis der Teig zähflüssig ist und Blasen wirft.

2. Den Spätzleteig in kochendes Salzwasser schaben oder pressen. Die Spätzle sind gar, wenn sie auf der Wasseroberfläche schwimmen.

3. Mit dem Schaumlöffel die Spätzle aus dem Wasser nehmen, in ein Sieb geben, mit kaltem Wasser abschrecken und abtropfen lassen.

4. Die Spätzle in einer Pfanne mit etwas Kokos- oder Palmfett wieder aufwärmen.

Spätzle mit Linsengemüse

Zutaten aus dem Vorrat

» Spätzle – Grundrezept, siehe Seite 71

- 1 TL Kokos- oder Palmfett
- 200 g Schlagsahne
- 1 TL Meer- oder Himalajasalz

○ Muskatnuss (gerieben), nach Geschmack

Zutaten Einkauf

○ 1 Päckchen gelbe Linsen, davon 200 g

- 400 g Möhren
- 1 Staudensellerie, davon 4 Stängel
- 1 Bund Petersilie (glatt)

TIPP *Wir empfehlen dazu Feldsalate aus unserem Kochbuch »Glutenfrei & vegetarisch – Kochen und Backen, Band 1«.*

1. Spätzle nach dem Grundrezept von Seite 71 zubereiten.

2. Linsen nach Packungsanleitung gar kochen.

3. Möhren und Staudensellerie putzen, klein schneiden und in Kokos- oder Palmfett 2–3 Minuten dünsten.

4. Mit Sahne auffüllen und 5–10 Minuten köcheln lassen.

5. Die Linsen mit der Möhrenmasse mischen und mit Meer- oder Himalajasalz und Muskatnuss würzen.

6. Petersilie fein hacken und mit den Spätzle unter das Linsengemüse mischen.

Käsespätzle

Zutaten aus dem Vorrat

» Spätzle – Grundrezept, siehe Seite 71

- 500 g Zwiebeln
- 40 g Kokos- oder Palmfett (ungehärtet)
- 1 TL Butter (zum Fetten der Auflaufform)

Zutaten Einkauf

- 200 g Gouda

TIPP *Lässt sich gut am Vortag vorbereiten und muss am nächsten Tag nur noch einmal im Backofen erwärmt werden.*

1. Spätzle nach dem Grundrezept von Seite 71 zubereiten.

2. Zwiebeln häuten, klein schneiden und in Kokos- oder Palmfett dünsten.

3. Käse reiben.

4. Spätzle zur Hälfte in eine gefettete Auflaufform geben, die Hälfte der Zwiebeln und 100 g geriebenen Gouda daraufschichten. Die restlichen Spätzle und Zwiebeln nacheinander darüberschichten. 100 g geriebener Gouda bildet die letzte Schicht.

5. Im vorgeheizten Backofen bei 180 °C 30 Minuten backen.

Infos zum Putzen der frischen Zutaten finden Sie im „**PUTZ**"-**ABC** ab Seite 8

● ○ ✔
Erläuterung der Symbole und Einkaufshilfe ab Seite 134

Infos zum
Putzen der frischen
Zutaten finden Sie
im „PUTZ"-ABC
ab Seite 8

● ○ ✔
Erläuterung
der Symbole und
Einkaufshilfe
ab Seite 134

Kartoffelklöße mit gebratenen Pfifferlingen

Zutaten aus dem Vorrat

Für die Kartoffelklöße:

- ● 1 kg Kartoffeln
- ● 1 TL Meer- oder Himalajasalz
- ● 2 Eier
- ✔ 1 EL Johannisbrotkernmehl
- ○ 250 g Kartoffelmehl

Für die Pfifferlinge:

- ✔ 2 EL Butter
- ✔ 200 g Schlagsahne
- ✔ 200 g Crème fraîche
- ● 1 TL Meer- oder Himalajasalz
- ● ¼ TL Pfeffer

Zutaten Einkauf

Für die Pfifferlinge:

- ● 500 g Pfifferlinge
- ● 1 Bund Petersilie, davon die Hälfte

TIPP *Herstellung von Salzwasser: 1 TL Meer- oder Himalajasalz pro Liter Wasser.*

1. Kartoffeln waschen und mit der Schale für 20–30 Minuten in Salzwasser gar kochen. Anschließend abgießen, kurz kaltes Wasser darüberlaufen lassen und abkühlen lassen. Die abgekühlten Kartoffeln schälen und mit dem Kartoffelstampfer durchstampfen.

2. Alle anderen Zutaten für die Kartoffelklöße hinzufügen und den Teig gut durchkneten. (Dies geht bei der heißen Masse am besten mit Einmalhandschuhen.) Anschließend den Teig 10 Minuten quellen lassen.

3. In der Zwischenzeit in einem großen Topf 2 Liter Salzwasser zum Kochen bringen.

4. Pfifferlinge mit der Gemüsebürste säubern. Butter in einer Pfanne schmelzen. Die Pfifferlinge 5 Minuten darin anbraten.

5. Schlagsahne, Crème fraîche und Gewürze in einem hohen Rührgefäß verquirlen, zu den Pfifferlingen geben und alles kurz aufkochen lassen.

6. Mit bemehlten Händen auf einer bemehlten Arbeitsfläche die Kartoffelmasse zu einer Rolle formen, diese in 12 Scheiben schneiden und zu Klößen formen.

7. Die Klöße in das kochende Wasser geben und bei schwacher Hitze 15–20 Minuten ziehen lassen. Die fertigen Klöße mit einem Schaumlöffel aus dem Wasser heben, abtropfen lassen sowie mit den Pfifferlingen anrichten und mit fein gehackter Petersilie bestreuen.

Fingernudeln mit Sauerkraut

Zutaten aus dem Vorrat

» Gnocchi – Grundrezept, siehe Seite 77

Für das Sauerkraut:

- ○ 100 ml Gemüsebrühe
- ● 50 g Zwiebeln
- ● 60 g Kokos- oder Palmfett (ungehärtet)
- ✔ 1 EL Reissirup

Zutaten Einkauf

Für das Sauerkraut:

- ○ 500 g Sauerkraut

TIPP *Herstellung von Salzwasser: 1 TL Meer- oder Himalajasalz pro Liter Wasser.*

● ○ ✔
Erläuterung der Symbole und Einkaufshilfe ab Seite 134

1. Die Kartoffelteigmasse nach dem Gnocchi – Grundrezept von Seite 77 zubereiten.

2. In einem großen Topf 2 Liter Salzwasser zum Kochen bringen.

3. Die Kartoffelteigmasse zu einer ca. 5 cm dicken Rolle formen und in 1 cm dicke Scheiben schneiden. Diese in dünne Würstchen rollen und die beiden Enden spitz zulaufend formen.

4. Die Fingernudeln nach und nach in das kochende Wasser geben und ca. 2 Minuten köcheln lassen.

5. Die fertigen Fingernudeln mit einem Schaumlöffel in ein Sieb geben, kurz mit kaltem Wasser abschrecken und abtropfen lassen.

Zubereitung Sauerkraut:

6. Die Gemüsebrühe nach Packungsanleitung herstellen.

7. Zwiebeln häuten, klein würfeln und in einem Kochtopf in 20 g Kokos- oder Palmfett 5 Minuten dünsten.

8. Sauerkraut und Gemüsebrühe sowie Reissirup hinzugeben und 15–20 Minuten köcheln lassen.

9. 40 g Kokos- oder Palmfett in einer Pfanne erhitzen und die Fingernudeln darin goldgelb braten.

10. Das Sauerkraut und die Fingernudeln portionsweise auf einem Teller anrichten.

Gnocchi

Zutaten aus dem Vorrat

- ● 1 kg Kartoffeln
- ✔ 200 g Reismehl
- ✔ 50 g Reisstärke
- ● 2 TL Meer- oder Himalajasalz
- ✔ 2 TL Johannisbrotkernmehl

Zutaten Einkauf

» kein Einkauf nötig

TIPP *Die benötigte Mehl- oder Stärkemenge kann ein wenig variieren, das hängt vom jeweiligen Stärkegehalt der Kartoffel ab.*

1. Die Kartoffeln waschen und für 20–30 Minuten in Salzwasser gar kochen.

2. Anschließend abgießen, kurz kaltes Wasser darüberlaufen lassen und etwas abkühlen lassen. Die Kartoffeln schälen, klein schneiden und mit dem Kartoffelstampfer durchstampfen.

3. Alle anderen Zutaten hinzufügen, den Teig gut durchketen (dies geht bei der heißen Masse am besten mit Einmalhandschuhen). Den Teig 10 Minuten quellen lassen.

4. In der Zwischenzeit in einem großen Topf 2 Liter Salzwasser zum Kochen bringen.

5. Mit bemehlten Händen auf einer bemehlten Arbeitsfläche die Kartoffelmasse zu einer ca. 2 cm dicken Rolle formen und diese in ca. ½ cm dicke Scheiben schneiden. Diese in ovale Klößchen formen und mit einem Messerrücken beidseitig mittig einkerben.

6. Die Gnocchi nach und nach in das kochende Wasser geben und ca. 2 Minuten köcheln lassen.

7. Die fertigen Gnocchi mit einem Schaumlöffel in ein Sieb geben, kurz mit kaltem Wasser abschrecken und abtropfen lassen.

herzhafte Pfannen- & Ofengerichte

„PUTZ"-ABC

In unserem „Putz"-ABC (Seite 8-11) erklären wir, wie man Gemüse, Salate, Kräuter sowie Obst für die jeweiligen Gerichte vorbereitet. Dieser Vorgang wird in den Rezepten mit dem Wort „putzen" beschrieben.

HINWEIS

Benutzen Sie für alle Pfannengerichte eine beschichtete Pfanne. Dadurch benötigen Sie weniger Fett zum Braten der Bratlinge oder Puffer und sie bleiben während des Bratens nicht am Pfannenboden haften.

Pfannkuchen – Grundrezept

Zutaten aus dem Vorrat

- ✔ 250 g Reismehl
- ½ l Vollmilch
- 4 Eier
- ¼ TL Meer- oder Himalajasalz
- Kokos- oder Palmfett (ungehärtet), je nach Pfanne 1 TL–1 EL pro Backvorgang

Zutaten Einkauf

» kein Einkauf nötig

TIPP *Da Pfannkuchen immer schnell zuzubereiten sind und sehr vielseitig mit anderen Nahrungsmitteln kombiniert werden können, stellen wir Ihnen auf den nächsten Seiten viele leckere Möglichkeiten vor!*

GEHEIMTIPP *Man bekommt schnell einen homogenen Pfannkuchenteig, wenn man alle Zutaten in eine Schüssel gibt und mit dem Stabmixer kurz verquirlt.*

1. Alle Zutaten in einer Rührschüssel zu einem homogenen Teig verrühren.

2. Den Teig 10 Minuten quellen lassen. (Der Teig bleibt sehr flüssig.)

3. In einer Pfanne Kokos- oder Palmfett erhitzen, jeweils 1 Suppenkelle Teig in die Pfanne geben (so erhält man jeweils einen dünnen Pfannkuchen.)

4. Die Pfannkuchen nach und nach von beiden Seiten bei mittlerer Temperatur goldgelb backen.

5. Die fertigen Pfannkuchen auf Küchenpapier legen (damit das überschüssige Fett vom Papier aufgenommen wird) und warm stellen.

Pfannkuchen mit Kresse und Sprossen

Zutaten aus dem Vorrat

» Pfannkuchen – Grundrezept, siehe Seite 80

- ● Kokos- oder Palmfett (ungehärtet), je nach Pfanne 1 TL–1 EL pro Backvorgang
- ● 1 TL Meer- oder Himalajasalz
- ○ ¼ TL Pfeffer
- ○ 1 EL Balsamico bianco

Für die Creme:

- ● 200 g Crème fraîche
- ● 1 TL Meer- oder Himalajasalz
- ○ ¼ TL Pfeffer
- ○ 1 EL Balsamico bianco

Zutaten Einkauf

- ● 1 Päckchen Kresse (frisch)
- ● 100 g Mungosprossen (frisch)

1. Pfannkuchen nach dem Grundrezept von Seite 80 zubereiten und warm stellen.

2. Kresse von den Wurzeln abschneiden, waschen und trockentupfen.

3. Mungosprossen waschen und trockentupfen.

4. Für die Creme alle angegebenen Zutaten verrühren.

5. Je einen Pfannkuchen mit etwas Creme bestreichen, mit einigen Sprossen belegen und mit Kresse bestreuen.

6. Den Pfannkuchen entweder offen oder gerollt sofort servieren.

Das Foto zu diesem Rezept finden Sie auf Seite 78/79.

● ○ ✔
Erläuterung der Symbole und Einkaufshilfe ab Seite 134

Pfannkuchen mit Blumenkohlcrème

Zutaten aus dem Vorrat

» Pfannkuchen – Grundrezept, siehe Seite 80

- Kokos- oder Palmfett (ungehärtet), je nach Pfanne 1 TL–1 EL pro Backvorgang

Für die Blumenkohlcrème:

- 150 g Crème fraîche
- ○ 1 EL Balsamico bianco
- ○ 1 TL Senf (mittelscharf)
- 1 TL Meer- oder Himalajasalz
- ○ 1 TL Oregano (getrocknet)
- ○ 1 TL Majoran (getrocknet)
- ○ Pfeffer aus der Mühle

Zutaten Einkauf

- 500 g Blumenkohl
- 1 Kopfsalat

1. Pfannkuchen nach dem Grundrezept von Seite 80 zubereiten und warm stellen.

2. Vom Blumenkohl alle Blätter entfernen, waschen, in große Stücken teilen und in Salzwasser 8 Minuten garen. Die Stücke mit dem Schaumlöffel aus dem Wasser nehmen und in einer Schüssel mit dem Stabmixer zerkleinern. Die Masse etwas abkühlen lassen.

3. Crème fraîche mit Balsamico, Senf sowie den Gewürzen verrühren und zum Blumenkohl geben.

4. Benötigte Menge Kopfsalatblätter waschen und trocken schleudern.

5. Jeden Pfannkuchen mit einem Kopfsalatblatt belegen und darauf etwas Blumenkohlcrème verteilen.

6. Den Pfannkuchen aufrollen und sofort servieren.

Erläuterung der Symbole und Einkaufshilfe ab Seite 134

Infos zum Putzen der frischen Zutaten finden Sie im **„PUTZ"-ABC** ab Seite 8

● ○ ✔ Erläuterung der Symbole und Einkaufshilfe ab Seite 134

Pfannkuchen mit Ziegen-Frischkäse-Crème und Mangochutney

Zutaten aus dem Vorrat

» Pfannkuchen – Grundrezept, siehe Seite 80

- Kokos- oder Palmfett (ungehärtet), je nach Pfanne 1 TL–1 EL pro Backvorgang

Für das Mangochutney:

- 100 g Zwiebeln
- 1 EL Kokos- oder Palmfett (ungehärtet)

✔ 2 EL Agavendicksaft

- 2 EL Zitronensaft

○ ½–1 TL Chilipulver

Zutaten Einkauf

- 1 Radicchio
- 150 g Ziegenfrischkäse

Für das Mangochutney:

- 2 Mangos (vollreif)

1. Pfannkuchen nach dem Grundrezept von Seite 80 zubereiten und warm stellen.

2. Radicchio waschen und trocken schleudern.

3. Zwiebeln häuten, in kleine Stücke schneiden und in Kokos- oder Palmfett dünsten.

4. Die Mango schälen, das Fruchtfleisch nach und und nach vom Kern abschneiden und in kleine Stücke schneiden.

5. Mangostücke und Agavendicksaft sowie Zitronensaft zu den Zwiebeln geben. Alles 30–40 Minuten köcheln lassen und mit Chilipulver würzen.

6. Je einen Pfannkuchen mit Ziegenfrischkäse bestreichen und mit zwei großen Blättern Radicchio belegen. Darauf das Mangochutney verteilen.

7. Den Pfannkuchen aufrollen und sofort servieren.

Reisrösti aus dem Backofen

Zutaten aus dem Vorrat

- ○ 125 ml Gemüsebrühe
- ✔ 200 g Reis (Gold-Korn)
- ✔ 4 EL Reismehl
- ● 1 TL Meer- oder Himalajasalz
- ○ ¼ TL Pfeffer
- ✔ 2 EL Vollkornbrösel (Paniermehl)
- ● 1 TL Butter (zum Fetten der Auflaufform)

Zutaten Einkauf

- ● 150 g Möhren
- ● 150 g Zucchini
- ● 1 Bund Frühlingszwiebeln

TIPP *Falls Sie zur Vorbereitung etwas mehr Zeit haben, empfehlen wir, die Reismasse zu Dreiecken zu formen, diese von beiden Seiten in Paniermehl zu wenden und kurz in Kokos- oder Palmfett anzubraten. Legen Sie die Röstis dann auf ein mit Backpapier ausgelegtes Backblech und backen Sie diese bei 180 °C 30 Minuten im Backofen.*

1. Gemüsebrühe nach Packungsanleitung herstellen, siehe Kochtipps auf Seite 11.

2. Reis waschen und nach Packungsanleitung weich kochen, sodass der Reis nach dem Kochen trocken ist.

3. Möhren und Zucchini putzen und grob raspeln.

4. Frühlingszwiebeln putzen und in dünne Röllchen schneiden.

5. Den gekochten Reis mit dem Gemüse, dem Reismehl und der Gemüsebrühe sowie Salz und Pfeffer mischen.

6. Die Masse in einer gefetteten Auflaufform 1½ cm dick ausstreichen, mit Paniermehl bestreuen und im vorgeheizten Backofen bei 180 °C 30 Minuten backen.

Kartoffelrösti mit Käse überbacken

Zutaten aus dem Vorrat

- ● 1 kg Kartoffeln
- ● 4 Eier
- ● 1½ TL Meer- oder Himalajasalz
- ○ ¼ TL Pfeffer
- ○ ¼ TL Muskatnuss (gerieben)
- ✔ 4 EL Vollkornbrösel (Paniermehl)
- ● 1 TL Butter (zum Fetten der Auflaufform)

Zutaten Einkauf

- ● 200 g Emmentaler Käse

TIPP *Schmeckt gut zu einem Feld- oder Endiviensalat.*

GEHEIMTIPP *Die Röstimasse können Sie auch in kleinen Auflaufformen backen, um sie dann portionsweise zu servieren.*

1. Kartoffeln schälen, waschen und grob reiben. Die Kartoffelmasse zusammendrücken und die überschüssige Flüssigkeit abschütten.

2. 150 g geriebenen Käse mit Eiern und Gewürzen verquirlen und mit den geriebenen Kartoffeln mischen.

3. Alles in eine gefettete Auflaufform füllen. (Die Masse sollte ca. 1½ bis 2 cm dick sein.)

4. Im vorgeheizten Backofen das Rösti bei 180 °C 30 Minuten backen.

5. Die Auflaufform kurz aus dem Backofen nehmen und mit dem restlichen Käse bestreuen. Anschließend das Rösti noch einmal 10 Minuten im heißen Backofen überbacken.

Infos zum Putzen der frischen Zutaten finden Sie im „PUTZ"-ABC ab Seite 8

● ○ ✔ Erläuterung der Symbole und Einkaufshilfe ab Seite 134

Infos zum
Putzen der frischen
Zutaten finden Sie
im „PUTZ"-ABC
ab Seite 8

Erläuterung
der Symbole und
Einkaufshilfe
ab Seite 134

Gebackener Ziegenkäse mit Mangodressing

Zutaten aus dem Vorrat

Für das Dressing:

- 2 EL Naturjoghurt
- 1 TL Meer- oder Himalajasalz
- ○ 1 Msp. Chilipulver
- 1 EL Zitronensaft

Zutaten Einkauf

- 4 Scheiben Ziegencamembert, à 200 g von der Rolle
- 1 Kopfsalat

Für das Dressing:

- 1 Mango (vollreif)

TIPP *Anstelle der vollreifen Mango können Sie auch die Fruchtsoße „Mango-Orange" der Firma Allos verwenden. Hersteller- und Bezugsadressen siehe Seite 143.*

1. Die Ziegenkäsescheiben im vorgeheizten Backofen für ca. 5–8 Minuten backen. (Der Ziegenkäse sollte seine Form behalten und nur in der Mitte etwas zerlaufen.)

2. In der Zwischenzeit den Kopfsalat waschen, putzen und trocken schleudern.

3. Für das Dressing die Mango schälen, das Fruchtfleisch nach und nach vom Kern abschneiden, mit den anderen angegebenen Zutaten in ein hohes Gefäß geben und mit dem Stabmixer pürieren

4. Den Kopfsalat portionsweise auf Tellern verteilen, den gebackenen Ziegenkäse daraufsetzen und mit dem Mangodressing esslöffelweise beträufeln.

Gefüllte Zucchini

Zutaten aus dem Vorrat

- ✔ 100 g Reis (Gold-Korn)
- ● 1 TL Kokos- oder Palmfett
- ● 1 TL Meer- oder Himalajasalz
- ○ ¼ TL Pfeffer
- ○ 1 TL Gemüsebrühe (gekörnt)
- ✔ 2 EL Reismehl
- ● 2 EL Crème fraîche

Zutaten Einkauf

- ● 4 Zucchini (je ca. 300 g)
- ● 250 g Champignons
- ● 1 Bund Frühlingszwiebeln

1. Reis nach Packungsanleitung weich kochen, sodass der Reis nach dem Kochen trocken ist.

2. In der Zwischenzeit Zucchini waschen und putzen. Zucchini längs halbieren und mit einem Teelöffel die Kerne herausheben. Die Zucchini mit der Schnittfläche nach oben in eine Auflaufform legen.

3. Champignons putzen und in kleine Stücke schneiden. Frühlingszwiebeln putzen und in dünne Ringe schneiden. Die klein geschnittenen Zutaten mit Salz, Pfeffer und Gemüsebrühe (gekörnt) in Kokos- oder Palmfett 3–5 Minuten in einer Pfanne dünsten.

4. Die gedünsteten Zutaten, das Reismehl sowie die Crème fraîche in die gegarte Reismasse einrühren.

5. Die Reismasse auf den Zucchinihälften verteilen und im vorgeheizten Backofen bei 180 °C 30 Minuten backen.

● ○ ✔
Erläuterung der Symbole und Einkaufshilfe ab Seite 134

Infos zum Putzen der frischen Zutaten finden Sie im „PUTZ"-ABC ab Seite 8

Gefüllte Auberginen

Zutaten aus dem Vorrat

- 100 g Zwiebeln
- 1 EL Kokos- oder Palmfett (ungehärtet)
- 2 EL Crème fraîche
- ○ 2 EL Tomatenmark
- ○ 1 TL Curry
- 1 TL Meer- oder Himalajasalz

Zutaten Einkauf

- 4 Auberginen (je ca. 300 g)
- 500 g Strauchtomaten

1. Auberginen waschen, putzen und halbieren. Die halbierten Auberginen so aushöhlen, dass ein Zentimeter Fruchtfleisch in der Schale stehen bleibt.

2. Das ausgehöhlte Fruchtfleisch in kleine Stücke schneiden. Tomaten waschen, putzen und ebenfalls in kleine Stücke schneiden. Zwiebeln häuten und in kleine Würfel schneiden.

3. Die klein geschnittenen Zutaten in einer Pfanne mit Kokos- oder Palmfett 15–20 Minuten dünsten. Crème fraîche, Tomatenmark und die Gewürze einrühren.

4. Die Auberginenhälften in eine Auflaufform setzen und die gegarte Auberginenmasse gleichmäßig darauf verteilen.

5. Im vorgeheizten Backofen 30 Minuten bei 180 °C backen.

Herzhaftes aus dem Backofen

mit Polenta

„PUTZ"-ABC

In unserem „Putz"-ABC (Seite 8-11) erklären wir, wie man Gemüse, Salate, Kräuter sowie Obst für die jeweiligen Gerichte vorbereitet. Dieser Vorgang wird in den Rezepten mit dem Wort „putzen" beschrieben.

HINWEIS

Die Polenta bereitet wenig Arbeit, wenn sie von vornherein in einem beschichteten Topf gekocht wird!

Polenta herzhaft – Grundrezept

Zutaten aus dem Vorrat

- ○ 1 l Gemüsebrühe
- ○ 250 g Polenta (Maisgrieß)
- ● 1 TL Meer- oder Himalajasalz

Zutaten Einkauf

» kein Einkauf nötig

TIPP *Wenn Sie die Polenta vor dem Quellen in eine Auflaufform umfüllen, lässt sie sich leicht verarbeiten und glatt streichen.*

GEHEIMTIPP *Schneiden Sie nach dem Backen die Polenta in Stücke. Braten Sie diese vor dem Servieren kurz von jeder Seite in einer Pfanne mit Butter an und servieren Sie sie als Beilage zu Gemüsegerichten.*

1. Gemüsebrühe nach Packungsanleitung herstellen, siehe Kochtipps auf Seite 11.

2. Den Maisgrieß und Salz langsam in die kochende Brühe einrühren, kurz aufkochen lassen und bei geringer Hitze 5–10 Minuten köcheln lassen.

3. Die fertige Masse sofort in eine Auflaufform geben, glatt streichen und 15 Minuten abgedeckt quellen lassen. (Die Auflaufform sollte so groß sein, dass die Polentamasse mindestens 2 cm dick ausgestrichen werden kann.)

4. Im vorgeheizten Backofen bei 180 °C ca. 15 Minuten backen.

Polenta mit Tomaten-Feta-Soße überbacken

Zutaten aus dem Vorrat

» Polenta – Grundrezept, siehe Seite 94

Für den Belag:

- ● 100 g Zwiebeln
- ● 1 EL Kokos- oder Palmfett (ungehärtet)
- ○ 1 EL Tomatenmark
- ● 1 TL Meer- oder Himalajasalz
- ○ 1 Msp. Chilipulver

Zutaten Einkauf

- ● 4 Strauchtomaten
- ● 200 g Fetakäse (in Salzlake)

TIPP *Wir empfehlen dazu Feldsalate aus unserem Kochbuch »Glutenfrei & vegetarisch – Kochen und Backen, Band 1«.*

1. Polenta nach dem Grundrezept von Seite 94 zubereiten.

2. In der Zwischenzeit Zwiebeln häuten, klein schneiden und in Kokos- oder Palmfett dünsten.

3. Die Tomaten häuten und klein schneiden.

4. Die Tomatenstücke mit Tomatenmark und den Gewürzen zu den Zwiebeln geben. Alles 10 Minuten köcheln lassen.

5. Fetakäse in kleine Würfel schneiden.

6. Tomatensoße auf der vorgebackenen Polenta verteilen, mit Fetakäse belegen und im vorgeheizten Backofen bei 180 °C ca. 15 Minuten überbacken.

Infos zum Putzen der frischen Zutaten finden Sie im „PUTZ"-ABC ab Seite 8

● ○ ✔ Erläuterung der Symbole und Einkaufshilfe ab Seite 134

Infos zum Putzen der frischen Zutaten finden Sie im **„PUTZ"-ABC** ab Seite 8

● ○ ✔ Erläuterung der Symbole und Einkaufshilfe ab Seite 134

Polenta mit Kräuterpanade

Zutaten aus dem Vorrat

» Polenta – Grundrezept, siehe Seite 94

Für die Panade:

- 2 EL Zitronensaft
- 1 TL Meer- oder Himalajasalz
- 4 EL Sonnenblumenöl (kalt gepresst)

Zutaten Einkauf

- Rosmarin (frisch, abgezupft), davon 5 EL
- Thymian (frisch, abgezupft), davon 5 EL
- Salbei (frisch, abgezupft), davon 5 EL
- oder eine Kräutermischung nach Geschmack (frisch)

1. Polenta nach dem Grundrezept von Seite 94 zubereiten.

2. In der Zwischenzeit die abgezupften Kräuter grob hacken und mit Zitronensaft, Salz sowie Öl mischen.

3. Die Kräuterpanade gleichmäßig auf der vorgebackenen Polenta verteilen und im vorgeheizten Backofen bei 180 °C ca. 10 Minuten überbacken.

TIPP *Dazu schmeckt Weißkohlsalat aus dem Kochbuch »Glutenfrei & vegetarisch – Kochen und Backen, Band 1«.*

GEHEIMTIPP *Falls Sie gerade keine frischen Kräuter zur Hand haben, stellen Sie eine Panade aus 2 EL getrockneten Kräutern und 4 EL heißem Wasser her. Die Kräutermischung mindestens eine halbe Stunde durchziehen lassen und anschließend wie frische Kräuter weiterverarbeiten.*

Polenta mit Paprikagemüse und Mozzarella

Zutaten aus dem Vorrat

» Polenta – Grundrezept, siehe Seite 94

Für den Belag:

- 120 g Zwiebeln
- 2 EL Kokos- oder Palmfett (ungehärtet)
- 1 TL Meer- oder Himalajasalz

Zutaten Einkauf

- 6 Paprikaschoten
- 1 Chilischote (frisch)
- 250 g Mozzarella (in Salzlake)

TIPP *Dazu schmeckt ein fester Blattsalat.*

1. Polenta nach dem Grundrezept von Seite 94 zubereiten.

2. In der Zwischenzeit Zwiebeln häuten und würfeln. Paprikaschoten und Chilischote waschen, putzen und in Streifen schneiden.

3. Mozzarella in Scheiben schneiden.

4. Kokos- oder Palmfett in einer großen Pfanne erhitzen, Zwiebelwürfel, Paprika- sowie Chilistreifen darin 10 Minuten dünsten und mit Salz würzen.

5. Die Paprikamasse auf der vorgebackenen Polenta verteilen.

6. Die Mozzarellascheiben darauf verteilen und alles im vorgeheizten Backofen bei 180 °C ca. 15 Minuten überbacken.

Infos zum Putzen der frischen Zutaten finden Sie im „PUTZ"-ABC ab Seite 8

● ○ ✔
Erläuterung der Symbole und Einkaufshilfe ab Seite 134

Pizzavariationen

„PUTZ“-ABC

In unserem „Putz“-ABC (Seite 8-11) erklären wir, wie man Gemüse, Salate, Kräuter sowie Obst für die jeweiligen Gerichte vorbereitet. Dieser Vorgang wird in den Rezepten mit dem Wort „putzen“ beschrieben.

● ○ ✓
Erläuterung
der Symbole und
Einkaufshilfe
ab Seite 134

Pizzaboden mit Hefe *für ein Backblech*

Zutaten aus dem Vorrat

- ● 450 ml Wasser (lauwarm, ca. 25 °C)
- ✔ 1 Päckchen Werz-Trockenhefe
- ○ 1 EL Apfelessig
- ● 1 EL Honig oder ✔ Reissirup
- ✔ 200 g Reismehl
- ✔ 150 g Hirsemehl
- ✔ 150 g Buchweizenmehl
- ✔ 1 EL Johannisbrotkernmehl (10 g)
- ✔ 1 EL Guarkernmehl (5 g)
- ● 1 EL Meer- oder Himalajasalz (10 g)
- ● 3 EL Öl (ein hochwertiges kalt gepresstes Sonnenblumenöl)

Zutaten Einkauf

» kein Einkauf nötig

TIPP *Eine Pizza zu backen erfordert zwar etwas Zeit. Der Aufwand lohnt sich aber auf jeden Fall, da man die meisten Varianten auch kalt essen kann! In diesem Fall gilt besonders: Planung ist alles!*

1. Lauwarmes Wasser in einer Schüssel bereitstellen. Hefe, Essig und Honig oder Reissirup in das Wasser einrühren und so lange stehen lassen, bis die Hefe anfängt zu schäumen.

2. Die verschiedenen Mehle mit Salz in einer zweiten Schüssel verrühren.

3. Das Mehlgemisch in das Hefewasser geben und mit den Knethaken des Handrührgerätes 3 Minuten kneten. Das Mehl sollte sich vollständig mit der Flüssigkeit verbunden haben.

4. Öl in den Teig einrühren.

5. Den Teig auf einem mit Backpapier ausgelegtem Backblech ausrollen und 5–10 Minuten gehen lassen.

6. Den Pizzaboden im vorgeheizten Backofen bei 180 °C 10–15 Minuten vorbacken. (Der Boden ist genügend vorgebacken, wenn die Oberfläche anfängt, fest zu werden.)

7. Ab Seite 108 finden Sie einige leckere Pizzabeläge.

Pizzaboden ohne Hefe *für eine runde Pizzabackform*

Zutaten aus dem Vorrat

- ○ 300 ml Gemüsebrühe
- ✔ 75 g Hirsegrieß
- ✔ 75 g Hirsemehl
- ○ 1 TL Gemüsebrühe (gekörnt)
- ● 1 TL Meer- oder Himalajasalz

Zutaten Einkauf

» kein Einkauf nötig

1. Gemüsebrühe nach Packungsanleitung herstellen, siehe Kochtipps auf Seite 11.

2. Die Gemüsebrühe mit Hirsegrieß aufkochen und 2–3 Minuten köcheln lassen. Hirsemehl und die Gewürze dazugeben und noch einmal kurz aufkochen lassen. Den Topf von der Herdplatte ziehen und die Hirsemasse 10 Minuten quellen lassen.

3. Den Teig in einer runden, mit Backpapier ausgelegten Pizzabackform ausrollen und im vorgeheizten Backofen bei 180 °C 10–15 Minuten vorbacken.

4. Ab Seite 106 finden Sie einige leckere Pizzabeläge.

● ○ ✔ Erläuterung der Symbole und Einkaufshilfe ab Seite 134

Pizza in einer runden Form gebacken reicht als Mahlzeit nur für 2–3 Personen. Entweder backen Sie für 4 Personen zwei Böden oder Sie verwenden die doppelte Menge der Teigzutaten für ein Backblech!

Pizzaboden mit Hefe *für eine runde Pizzabackform*

Zutaten aus dem Vorrat

- ● 200 ml Wasser (lauwarm, ca. 25 °C)
- ✔ ½ Päckchen Werz-Trockenhefe
- ○ 1 EL Apfelessig
- ● 1 TL Honig oder ✔ Reissirup
- ✔ 100 g Reismehl
- ✔ 75 g Hirsemehl
- ✔ 75 g Amarantmehl
- ✔ 1 EL Johannisbrotkern- oder Guarkernmehl (7,5 g)
- ● 1 TL Meersalz oder Himalajasalz
- ● 3 EL Öl (ein hochwertiges kalt gepresstes Sonnenblumenöl)

Zutaten Einkauf

» kein Einkauf nötig

1. Lauwarmes Wasser in einer Schüssel bereitstellen. Hefe, Essig und Honig oder Reissirup in das Wasser einrühren und so lange stehen lassen, bis die Hefe anfängt zu schäumen.

2. Die verschiedenen Mehle mit Salz in einer zweiten Schüssel verrühren.

3. Das Mehlgemisch in das Hefewasser geben und mit den Knethaken des Handrührgerätes 3 Minuten kneten. Das Mehl sollte sich vollständig mit der Flüssigkeit verbunden haben.

4. Öl in den Teig einrühren.

5. Den Teig auf einer mit Backpapier ausgelegten runden Pizzabackform ausrollen und 5–10 Minuten gehen lassen.

6. Den Pizzaboden im vorgeheizten Backofen bei 180 °C 10–15 Minuten vorbacken. (Der Boden ist genügend vorgebacken, wenn die Oberfläche anfängt, fest zu werden.)

7. Ab Seite 106 finden Sie einige leckere Pizzabeläge.

Rotes Pesto

Zutaten aus dem Vorrat

- ● 250 ml Wasser
- ● 100 ml Olivenöl
- ○ 1 gehäufter TL Kräutersalz
- ○ ¼ TL Pfeffer
- ● 2 EL Zitronensaft

Zutaten Einkauf

- ○ 100 g Tomaten (getrocknet)
- ● 50 g Mandelkerne
- ● 50 g Parmesan
- ● Basilikum (frisch), davon 8–10 Blätter

1. Getrocknete Tomaten in 250 ml Wasser 5 Minuten kochen lassen.

2. In der Zwischenzeit Mandeln in einem Gefäß mit kochendem Wasser übergießen und 5 Minuten stehen lassen. Das Wasser abgießen und die Mandelhaut entfernen.

3. Parmesan reiben.

4. Basilikum abzupfen, waschen, klein schneiden, mit den übrigen Zutaten in ein hohes Gefäß geben und mit dem Stabmixer pürieren.

TIPP *Mandelhaut entfernen heißt: Die Mandeln zwischen Daumen und Zeigefinger aus der Haut drücken. Falls sich die Haut schlecht löst, legen Sie die Mandeln noch einmal in kochendes Wasser.*

Pizza klassisch *für eine runde Pizzabackform*

Zutaten aus dem Vorrat

» Pizza – Gundrezept, siehe Seite 104 oder Seite 105

» 2 EL rotes Pesto (selbst gemacht, Rezept siehe Seite 106)

Zutaten Einkauf

- 125 g Mozzarella
- 200 g Cocktailtomaten
- 1 Bund Basilikum, davon einige Blätter

TIPP *Selbst gemachtes Pesto hält sich einige Tage im Kühlschrank, sodass Sie es später für weitere Gerichte verwenden können.*

1. Pizzaboden nach dem Grundrezept von Seite 104 oder Seite 105 (ohne oder mit Hefe) herstellen und vorbacken.

Für den Pizzabelag:

2. Auf der vorgebackenen Pizza das Pesto verteilen.

3. Mozzarella in dünne Scheiben schneiden und gleichmäßig auf dem Pesto verteilen.

4. Cocktailtomaten waschen, halbieren und auf die Mozzarellascheiben setzen.

5. Pizza bei 180 °C für ca. 15 Minuten backen.

6. Nach dem Backen abgezupfte, gewaschene Basilikumblätter auf der Pizza verteilen und diese sofort servieren.

● ○ ✔ Erläuterung der Symbole und Einkaufshilfe ab Seite 134

Pizza scharf *für ein Backblech*

Zutaten aus dem Vorrat

» Pizza – Gundrezept, siehe Seite 103
- ● 50 g Zwiebeln
- ● 1 EL Kokos- oder Palmfett (ungehärtet)
- ● 1 TL Meer- oder Himalajasalz
- ○ ¼ TL Chilipulver
- ✔ 1 EL Agavendicksaft

Zutaten Einkauf

- ● 1 Chilischote (frisch)
- ● 500 g Strauchtomaten
- ● 4 Scheiben Edamer oder Emmentaler Käse

TIPP *Wenn Sie direkt die doppelte Menge Soße herstellen, können Sie diese im Kühlschrank einige Tage lagern und später als Nudelsoße verwenden.*

1. Pizzaboden nach dem Grundrezept von Seite 103 herstellen und vorbacken.

Für den Pizzabelag:

2. Zwiebeln häuten, würfeln und in Kokos- oder Palmfett dünsten.

3. Chilischote putzen, in dünne Streifen schneiden und zu den Zwiebeln geben.

4. Tomaten putzen und vierteln sowie mit Salz, Chilipulver und Agavendicksaft zu den Zwiebeln geben und alles 10–15 Minuten dünsten. (Die Soße wird dadurch etwas dickflüssig.)

5. Die Chilisoße auf dem vorgebackenen Pizzaboden verteilen.

6. Den Schnittkäse in feine Streifen schneiden und den Pizzaboden damit belegen.

7. Pizza bei 180 °C für 15 Minuten backen. (Der Käse sollte nach dieser Zeit geschmolzen sein.)

● ○ ✔ Erläuterung der Symbole und Einkaufshilfe ab Seite 134

Infos zum Putzen der frischen Zutaten finden Sie im „PUTZ"-ABC ab Seite 8

Pizza mit Tomaten und Rucola *für ein Backblech*

Zutaten aus dem Vorrat

» Pizza – Gundrezept, siehe Seite 103

- ● 1 kg Strauchtomaten
- ○ 2 EL Tomatenmark
- ● 1 EL Olivenöl

Für die Balsamicocreme:

- ● 6 EL Sonnenblumenöl
- ○ 3 EL Balsamico bianco
- ● 1 TL Meer- oder Himalajasalz
- ○ Zuckerrübensirup, davon 2 EL

Zutaten Einkauf

- ● 2 Paprikaschoten (gelb)
- ● 1 Bund Rucola
- ● 75 g Parmesan oder Pecorino

TIPP *Schmeckt auch kalt noch sehr lecker!*

1. Pizzaboden nach dem Grundrezept von Seite 103 herstellen und vorbacken.

Für den Pizzabelag:

2. Tomaten sowie Paprika putzen, klein schneiden und mit dem Tomatenmark in Olivenöl dünsten.

3. Tomatenmasse auf dem vorgebackenen Pizzaboden verteilen und bei 180 °C ca. 15 Minuten backen.

4. Alle Zutaten für die Balsamicocreme in ein hohes Gefäß geben und mit dem Stabmixer verquirlen. (Dadurch erhält das Dressing seine homogene Beschaffenheit.)

5. Rucola waschen, trockentupfen und auf dem gebackenen Pizzaboden verteilen.

6. Parmesan oder Pecorino über den Rucola reiben, alles mit Balsamicocreme beträufeln und servieren.

Pizza mit Champignons *für eine runde Pizzabackform*

Zutaten aus dem Vorrat

» Pizza – Gundrezept, siehe Seite 104 oder Seite 105

- 100 g Zwiebeln
- 1 EL Kokos- oder Palmfett (ungehärtet)
- ○ 1 TL Oregano (getrocknet)
- 1 TL Meer- oder Himalajasalz
- ○ ¼ TL Pfeffer
- 2 EL Crème fraîche

Zutaten Einkauf

- 250 g braune Champignons (frisch)
- 4 Scheiben Edamer oder Emmentaler Käse (ca. 125 g)

1. Pizzaboden nach dem Grundrezept von Seite 104 oder Seite 105 (ohne oder mit Hefe) herstellen und vorbacken.

Für den Pizzabelag:

2. Zwiebeln häuten, klein schneiden und in Kokos- oder Palmfett andünsten.

3. Champignons putzen, in Scheiben schneiden und mit den Gewürzen zu den Zwiebeln geben. Alles 5 Minuten dünsten.

4. Den vorgebackenen Pizzaboden mit Crème fraîche bestreichen.

5. Die Champignonmasse auf dem Pizzaboden verteilen und mit Schnittkäse belegen.

6. Pizza bei 180 °C für ca. 30 Minuten backen.

Infos zum
Putzen der frischen
Zutaten finden Sie
im „PUTZ"-ABC
ab Seite 8
● ○ ✔
Erläuterung
der Symbole und
Einkaufshilfe
ab Seite 134

Tahin (Sesampaste)

Zutaten aus dem Vorrat

- ✔ 200 g Sesam (ungeschält)
- 1 EL Meer- oder Himalajasalz
- 200–250 ml Sesamöl

Zutaten Einkauf

» kein Einkauf nötig

1. Sesam in einer trockenen Pfanne rösten und in ein schmales, hohes Rührgefäß geben.

2. Salz und Öl dazugeben und mit dem Stabmixer 30 Sekunden fein pürieren.

3. Nach dieser Zeit den Stabmixer aus der Masse nehmen und alles mit einem Esslöffel durchrühren. Die Masse danach noch einmal mit dem Stabmixer so lange pürieren, bis sich eine streichfähige Masse ergeben hat.

Pizza mit Paprika und Sesam *für eine runde Pizzabackform*

Zutaten aus dem Vorrat

» Pizza – Gundrezept, siehe Seite 104 oder Seite 105

» 2 EL Tahin (selbst gemacht, Rezept siehe Seite 112)

- 1 EL Sonnenblumenöl (kalt gepresst)
- 1 EL Sesam (ungeschält)

Zutaten Einkauf

- 3 Paprikaschoten (jeweils 1 rote, gelbe und grüne)
- 2 Strauchtomaten

TIPP *Natürlich kann man die Paprikastücke auch mit der Haut auf den Pizzaboden legen. Das Häuten der Paprika macht diese allerdings leichter verdaulich!*

1. Pizzaboden nach dem Grundrezept von Seite 104 oder Seite 105 (ohne oder mit Hefe) herstellen und vorbacken.

Für den Pizzabelag:

2. Paprika häuten und in kleine Stücke schneiden. (Man kann die Pizza zum Vorbacken und die Paprika zum Häuten gleichzeitig in den Umluftbackofen geben.)

3. Tahin, Öl, Paprika- und Tomatenstücke mischen und auf dem vorgebackenen Pizzaboden verteilen.

4. Sesam über die Pizza streuen und bei 180 °C ca. 15 Minuten backen.

Infos zum Putzen der frischen Zutaten finden Sie im „**PUTZ**"-**ABC** ab Seite 8

● ○ ✔
Erläuterung der Symbole und Einkaufshilfe ab Seite 134

Pizza mit frischem Spinat

für eine runde Pizzabackform

Zutaten aus dem Vorrat

» Pizza – Gundrezept, siehe Seite 104 oder Seite 105

- ● 50 g Zwiebeln
- ● 1 Kokos- oder Palmfett (ungehärtet)
- ● 1 TL Meer- oder Himalajasalz
- ○ ½ TL Pfeffer
- ● 1 EL Crème fraîche

Zutaten Einkauf

- ● 250 g Blattspinat (frisch)
- ● 200 g Cocktailtomaten
- ● 125 g Mozzarella (in Salzlake)

1. Pizzaboden nach dem Grundrezept von Seite 104 oder Seite 105 (ohne oder mit Hefe) herstellen und vorbacken.

Für den Pizzabelag:

2. Zwiebeln häuten, klein schneiden und in Kokos- oder Palmfett dünsten.

3. Spinat waschen, zu den Zwiebelstücken in die Pfanne geben, kurz dünsten und Crème fraîche einrühren.

4. In der Zwischenzeit Cocktailtomaten waschen, halbieren und Mozzarella in kleine Würfel schneiden.

5. Den vorgebackenen Pizzaboden mit dem Spinat belegen, salzen und pfeffern. Halbierte Tomaten und klein geschnittenen Mozzarella auf dem Spinat verteilen.

6. Pizza bei 180 °C für ca. 30 Minuten backen.

● ○ ✓
Erläuterung der Symbole und Einkaufshilfe ab Seite 134

Infos zum Putzen der frischen Zutaten finden Sie im „**PUTZ**"-**ABC** ab Seite 8

Pizza mit Paprika und Ananas

für eine runde Pizzabackform

Zutaten aus dem Vorrat

» Pizza – Gundrezept,
siehe Seite 104 oder Seite 105

- 1 TL Kokos- oder Palmfett
- ○ ½ TL Paprikapulver
- ○ ¼ TL Chilipulver
- 1 TL Meer- oder Himalajasalz

Zutaten Einkauf

- 1 Paprikaschote
- 200 g Strauchtomaten
- 1 Ananas, davon 2 Scheiben
- 4 Scheiben Edamer oder Emmentaler Käse (ca. 125 g)

TIPP *Den Rest der Ananas können Sie mit dem Stabmixer pürieren und mit etwas Johannisbrotkernmehl verrühren. So erhalten Sie einen frischen, fruchtigen Brotaufstrich.*

1. Pizzaboden nach dem Grundrezept von Seite 104 oder Seite 105 (ohne oder mit Hefe) herstellen und vorbacken.

Für den Pizzabelag:

2. Paprika sowie Tomaten putzen, klein schneiden und mit den Gewürzen in Kokos- oder Palmfett dünsten.

3. Ananas putzen, in kleine Stücke schneiden, zu der Paprika-Tomaten-Masse geben und 5 Minuten dünsten.

4. Danach diese Masse auf dem vorgebackenen Pizzaboden verteilen.

5. Pizza bei 180 °C ca. 20 Minuten backen.

6. Die Pizza aus dem Backofen nehmen, den Schnittkäse gleichmäßig darauf verteilen und alles noch einmal für 5 Minuten – bis der Käse zerlaufen ist – überbacken.

Infos zum Putzen der frischen Zutaten finden Sie im **„PUTZ"-ABC** ab Seite 8

● ○ ✔ Erläuterung der Symbole und Einkaufshilfe ab Seite 134

Pizza mit Feta und Oliven *für ein Backblech*

Zutaten aus dem Vorrat

» Pizza – Gundrezept, siehe Seite 103

○ 2 TL Kräuter der Provence

Zutaten Einkauf

- 500 g Strauchtomaten

○ Peperoni (eingelegt), davon 150 g

○ 160 g Oliven (entsteint, in Lake)

- 200 g Fetakäse (in Salzlake)

TIPP *Wenn Sie den Pizzaboden abends vorbacken, dann ist jede unserer Pizzen am nächsten Mittag sehr schnell fertig*

1. Pizzaboden nach dem Grundrezept von Seite 103 herstellen und vorbacken.

Für den Pizzabelag:

2. Strauchtomaten putzen, in Scheiben schneiden und auf dem vorgebackenen Pizzaboden verteilen.

3. Peperoni und Oliven abschütten. Fetakäse in kleine Würfel schneiden. Alles auf den Tomatenscheiben verteilen.

4. Pizza bei 180 °C ca. 30 Minuten backen.

5. Über die fertig gebackene Pizza Kräuter der Provence streuen.

Pizza mit Gemüse *für ein Backblech*

Zutaten aus dem Vorrat

» Pizza – Gundrezept, siehe Seite 103

○ 500 ml Gemüsebrühe

Zutaten Einkauf

- 500 g Blumenkohl
- 500 g Brokkoli
- 1 Bund Petersilie (glatt)
- 300 g Edamer oder Emmentaler Käse

1. Pizzaboden nach dem Grundrezept von Seite 103 herstellen und vorbacken.

Für den Pizzabelag:

2. Gemüsebrühe nach Packungsanleitung herstellen, siehe Kochtipps auf Seite 11.

3. Vom Blumenkohl und vom Brokkoli die Röschen abschneiden, diese sehr klein schneiden und in kochender Gemüsebrühe 3 Minuten kochen. Die Röschen mit dem Schaumlöffel aus der Brühe nehmen und abtropfen lassen. (Gemüsebrühe als Grundlage für eine Suppe weiterverwenden.)

4. Petersilie fein hacken.

5. Käse reiben.

6. Die Gemüseröschen mit der Hälfte der gehackten Petersilie und dem geriebenen Käse mischen und auf dem vorgebackenen Pizzaboden verteilen.

7. Pizza bei 180 °C für 20 Minuten überbacken.

8. Kurz vor dem Servieren die zweite Hälfte der gehackten Petersilie auf dem Gemüse verteilen.

Infos zum
Putzen der frischen
Zutaten finden Sie
im „PUTZ"-ABC
ab Seite 8
● ○ ✔
Erläuterung
der Symbole und
Einkaufshilfe
ab Seite 134

Herzhafte Kuchen,

Tartes & Aufläufe

„PUTZ"-ABC

In unserem „Putz"-ABC (Seite 8-11) erklären wir, wie man Gemüse, Salate, Kräuter sowie Obst für die jeweiligen Gerichte vorbereitet. Dieser Vorgang wird in den Rezepten mit dem Wort „putzen" beschrieben.

Grundrezept – Mürbeteig *für eine Springform*

Zutaten aus dem Vorrat

- ✔ 200 g Reismehl
- ✔ 5 g Johannisbrotkernmehl
- ● 100 g Butter
- ● 80 ml Wasser
- ● 1 Prise Meer- oder Himalajasalz
- ● 1 TL Butter (zum Fetten des Springformrandes)

Zutaten Einkauf

» kein Einkauf nötig

1. Für den Mürbeteig alle oben angegebenen Zutaten zu einem glatten Teig verarbeiten. Den Teig in Frischhaltefolie einschlagen und im Kühlschrank eine halbe Stunde ruhen lassen.

2. Eine Springform mit Backpapier auslegen. Den Springformrand mit Butter einfetten.

3. Den gekühlten Teig in der vorbereiteten Springform ausrollen und den Rand des Teiges 2 cm hoch ziehen.

4. Im vorgeheizten Backofen bei 180 °C etwa 10 Minuten vorbacken.

5. Ab Seite 124 finden Sie leckere herzhafte Variationen.

● ○ ✔
Erläuterung der Symbole und Einkaufshilfe ab Seite 134

Grundrezept – Hefeteig *für ein Backblech*

Zutaten aus dem Vorrat

- ● 450 ml Wasser (lauwarm, ca. 25 °C)
- ✔ 1 Päckchen Werz-Trockenhefe
- ○ 1 EL Apfelessig
- ● 1 EL Honig oder ✔ Reissirup
- ✔ 450 g Buchweizenmehl
- ✔ 50 g Reisstärke
- ✔ 1 EL Johannisbrotkernmehl (10 g)
- ✔ 1 EL Guarkernmehl (5 g)
- ● 1 EL Meer- oder Himalajasalz (10 g)
- ● 3 EL Öl (ein hochwertiges kalt gepresstes Sonnenblumenöl)

Zutaten Einkauf

» kein Einkauf nötig

1. Lauwarmes Wasser in einer Schüssel bereitstellen. Hefe, Essig und Honig oder Reissirup in das Wasser einrühren und so lange stehen lassen, bis die Hefe anfängt zu schäumen.

2. Die verschiedenen Mehle mit Salz in einer zweiten Schüssel verrühren.

3. Das Mehlgemisch in das Hefewasser geben und mit den Knethaken des Handrührgerätes 3 Minuten kneten. Das Mehl sollte sich vollständig mit der Flüssigkeit verbunden haben.

4. Öl in den Teig einrühren.

5. Den Teig auf einem mit Backpapier ausgelegtem Backblech ausrollen und 5–10 Minuten gehen lassen.

6. Den Teig im vorgeheizten Backofen bei 180 °C 10–15 Minuten vorbacken! (Der Boden ist genügend vorgebacken, wenn die Oberfläche anfängt, fest zu werden.)

7. Ab Seite 126 finden Sie leckere herzhafte Variationen.

● ○ ✔
Erläuterung der Symbole und Einkaufshilfe ab Seite 134

Mangoldtarte *für eine Springform*

Zutaten aus dem Vorrat

» Grundrezept – Mürbeteig, siehe Seite 122

- 50 g Zwiebeln
- 1 TL Kokos- oder Palmfett (ungehärtet)
- ○ 1 TL Gemüsebrühe (gekörnt)
- 1 TL Meer- oder Himalajasalz
- 4 EL Schlagsahne
- 4 EL Wasser

Zutaten Einkauf

- 500 g Mangold
- Edamer oder Emmentaler Käse, davon 4 EL gerieben

1. Mürbeteig nach dem Grundrezept von Seite 122 herstellen und vorbacken.

Für den Belag:

2. Mangold waschen, den Strunkansatz entfernen und die Blätter in 2 cm dicke Streifen schneiden.

3. Zwiebeln häuten, klein schneiden und mit den Mangoldstreifen in Kokos- oder Palmfett 3 Minuten dünsten. Gemüsebrühe (gekörnt), Salz, Sahne und Wasser dazugeben und 5 Minuten köcheln lassen.

4. Käse reiben.

5. Die Mangoldmasse auf dem vorgebackenen Mürbeteigboden verteilen, mit dem geriebenen Käse bestreuen und für 20 Minuten bei 180 °C überbacken.

Zwiebelkuchen *für ein Backblech*

Zutaten aus dem Vorrat

- » Grundrezept – Hefeteig, siehe Seite 123
- ● 1 kg Zwiebeln
- ● 1 EL Palm- oder Kokosfett (ungehärtet)
- ● 400 g Crème fraîche
- ● 1 TL Meer- oder Himalajasalz
- ○ ¼ TL Pfeffer
- ○ 1 TL Kümmel

Zutaten Einkauf

- ● 200 g Edamer oder Emmentaler Käse

TIPP *Wenn es ganz schnell gehen soll verwenden Sie doch unser hefefreies Grundrezept für herzhafte Kuchen, siehe Seite 122.*

1. Hefeteig nach dem Grundrezept von Seite 123 herstellen und vorbacken.

Für den Belag:

2. Die Zwiebeln häuten, halbieren, in Streifen schneiden und in Kokos- oder Palmfett 5 Minuten dünsten.

3. Crème fraîche zu den Zwiebeln geben und mit Salz, Pfeffer und Kümmel würzen.

4. Käse reiben.

5. Die Zwiebelmasse auf dem vorgebackenen Teigboden verteilen, den geriebenen Käse darüberstreuen und im vorgeheizten Backofen bei 180 °C für 20 Minuten überbacken.

● ○ ✔
Erläuterung
der Symbole und
Einkaufshilfe
ab Seite 134

Porreekuchen *für ein Backblech*

Zutaten aus dem Vorrat

» Grundrezept – Hefeteig, siehe Seite 123

- ○ 250 ml Gemüsebrühe
- ● 1 EL Kokos- oder Palmfett
- ● 400 g Schmand oder Crème fraîche
- ○ 2 TL Kräutersalz
- ● 1 TL Meer- oder Himalajasalz
- ○ 1 Msp. Muskatnuss (gerieben)
- ● 4 EL Sonnenblumenkerne

Zutaten Einkauf

- ● 1 kg Porree
- ● 200 g Edamer oder Emmentaler Käse

TIPP *Besonders herzhaft wird der Porreekuchen wenn Sie die Sonnenblumenkerne anrösten.*

1. Hefeteig nach dem Grundrezept von Seite 123 herstellen und backen.

Für den Belag:

2. Gemüsebrühe nach Packungsanleitung herstellen, siehe Kochtipps auf Seite 11.

3. Porree putzen, klein schneiden und in Kokos- oder Palmfett 2–3 Minuten dünsten. Mit der Gemüsebrühe auffüllen und 10 Minuten leicht köchelnd bissfest garen.

4. Käse reiben.

5. Crème fraîche, Gewürze sowie Sonnenblumenkerne unter den Porree rühren und die Masse auf dem vorgebackenen Teigboden verteilen.

6. Den geriebenem Käse darüberstreuen und im vorgeheizten Backofen bei 180 °C für ca. 20 Minuten überbacken.

Spinattarte *für eine Springform*

Zutaten aus dem Vorrat

» Grundrezept – Mürbeteig, siehe Seite 122

- ● 50 g Zwiebeln
- ● 1 EL Kokos- oder Palmfett
- ● 1 TL Meer- oder Himalajasalz
- ○ ¼ TL Pfeffer
- ○ ¼ TL Muskatnuss (gerieben)
- ● 4 EL Crème fraîche

Zutaten Einkauf

- ● 500 g Blattspinat (tiefgekühlt)
- ● 1 Paprikaschote

1. Mürbeteig nach dem Grundrezept von Seite 122 herstellen und vorbacken.

Für den Belag:

2. Blattspinat zum Auftauen in ein Sieb geben. Wasser aus dem Spinat herausdrücken.

3. Zwiebeln häuten, klein schneiden und in Kokos- oder Palmfett dünsten. Spinat und Gewürze dazugeben und 5 Minuten dünsten.

4. Spinat auf dem vorgebackenen Mürbeteigboden verteilen. Paprika putzen, in sehr kleine Stücke schneiden und auf dem Spinat verteilen.

5. Crème fraîche teelöffelweise auf den Spinat setzen und die Tarte bei 180 °C für 20 Minuten überbacken.

Infos zum Putzen der frischen Zutaten finden Sie im „**PUTZ**"-**ABC** ab Seite 8

● ○ ✔
Erläuterung der Symbole und Einkaufshilfe ab Seite 134

Infos zum Putzen der frischen Zutaten finden Sie im „PUTZ“-ABC ab Seite 8

● ○ ✔ Erläuterung der Symbole und Einkaufshilfe ab Seite 134

Linsentarte mit Zucchini *für eine Springform*

Zutaten aus dem Vorrat

- ● 400 ml Wasser
- ○ 1 TL Gemüsebrühe (gekörnt)
- ● 1 TL Meer- oder Himalajasalz
- ● 1 Ei
- ✔ ca. 2 EL Hirseflocken
- ● 50 g Zwiebeln
- ● 1 TL Kokos- oder Palmfett (ungehärtet)
- ○ 2 TL Currypulver
- ● 1 TL Meer- oder Himalajasalz
- ● 200 g Crème fraîche
- ● 1 TL Butter (zum Fetten des Springformrandes)

Zutaten Einkauf

- ○ 200 g gelbe Linsen
- ● 3 Zucchini
- ● Edamer oder Emmentaler Käse, davon 4 EL gerieben

1. Linsen mit Wasser, gekörnter Gemüsebrühe und Salz zum Kochen bringen und ca. 20 Minuten köcheln lassen. Die Linsen etwas abkühlen lassen, mit dem Kartoffelstampfer durchstampfen und ein Ei dazugeben.

2. Hirseflocken zur Masse geben, bis sich ein fester Teig bildet.

3. Den Teig in eine Springform (ca. 26 cm im Durchmesser, der Boden mit Backpapier ausgelegt, der Rand mit Butter eingefettet) füllen und einen Rand von 2–3 cm hochziehen.

4. Zwiebeln häuten, halbieren und in Streifen schneiden.

5. Zucchini waschen, Strunk entfernen, in mundgerechte Stücke schneiden und mit den Zwiebeln in Kokos- oder Palmfett ca. 3–4 Minuten dünsten.

6. Käse reiben.

7. Gewürze und Crème fraîche unterrühren, auf dem Linsenboden verteilen und im vorgeheizten Backofen für 30 Minuten bei 180 °C backen

Chinakohl-Paprika-Tarte *für eine Springform*

Zutaten aus dem Vorrat

» Grundrezept – Mürbeteig, siehe Seite 122
- ● 50 g Zwiebeln
- ● 1 TL Kokos- oder Palmfett (ungehärtet)
- ○ 1 TL Gemüsebrühe (gekörnt)
- ● 1 TL Meer- oder Himalajasalz
- ● 200 g Schlagsahne

Zutaten Einkauf

- ● 500 g Chinakohl
- ● 1 Paprikaschote (rot)

1. Mürbeteig nach dem Grundrezept von Seite 122 herstellen und vorbacken.

Für den Belag:

2. Zwiebeln häuten, klein schneiden und in Kokos- oder Palmfett dünsten.

3. Vom Chinakohl den Strunk und gegebenenfalls die äußeren Blätter entfernen. Chinakohl halbieren, in 1 cm dicke Streifen schneiden und zu den Zwiebeln geben.

4. Paprika putzen und in kleine Stücke schneiden. Mit den Gewürzen und der Sahne zu dem Chinakohl geben und alles 5 Minuten dünsten.

5. Den Chinakohl auf dem vorgebackenen Mürbeteigboden verteilen und für 20 Minuten bei 180 °C überbacken.

Infos zum Putzen der frischen Zutaten finden Sie im „PUTZ"-ABC ab Seite 8

● ○ ✔ Erläuterung der Symbole und Einkaufshilfe ab Seite 134

Paprika-Gemüse-Tarte für eine Springform

Zutaten aus dem Vorrat

» Grundrezept – Mürbeteig, siehe Seite 122

- 150 g Zwiebeln
- 1 EL Kokos- oder Palmfett (ungehärtet)
- 4 EL Wasser
- ○ 1 TL Gemüsebrühe (gekörnt)
- 1 TL Meer- oder Himalajasalz
- ○ 1 Msp. Chilipulver
- 200 g Crème fraîche

Zutaten Einkauf

- 500 g Paprikaschoten (rot)

1. Mürbeteig nach dem Grundrezept von Seite 122 herstellen und vorbacken.

Für den Belag:

2. Zwiebeln häuten, klein schneiden und in Kokos- oder Palmfett dünsten.

3. Paprika putzen und klein schneiden.

4. Die Paprikastücke mit dem Wasser zu den Zwiebeln geben und 5 Minuten köcheln lassen.

5. Gemüsebrühe (gekörnt), Salz, Chilipilver und Crème fraîche zu der Paprikamasse geben, alles verrühren und auf dem vorgebackenen Mürbeteigboden verteilen.

6. Die Tarte für 20 Minuten bei 180 °C überbacken.

BIOMARKT

Einkaufshilfe

Die Symbole vor den Lebensmitteln in den Rezepten helfen Ihnen beim Einkauf für Ihre glutenfreie Ernährung.

Unsere Symbole bedeuten:

●
Von Natur aus glutenfreie Lebensmittel, Seite 136/137

○
Lebensmittel und Hersteller nach der aktuellen Aufstellung glutenfreier Lebensmittel der DZG e.V., Seite 138/139

✔
Garantiert glutenfrei bei Naturkorn Mühle Werz, Seite 140 (Diese Produkte sind mit der durchgestrichenen Ähre gekennzeichnet.)

Von Natur aus glutenfreie Lebensmittel

Wir empfehlen Ihnen, auf Naturbelassenes zu setzen. Auch sollten Sie, wo immer es möglich ist, auf Konservierungsstoffe sowie weiterverarbeitete Lebensmittel verzichten. Da wir uns für die Natürlichkeit der zum Kochen verwendeten Lebensmittel einsetzen, empfehlen wir nur hochwertige Einzelprodukte.

Ananas

Äpfel

Auberginen

Avocado

Basmati-/Wildreis

Bärlauchblätter

Bärlauchöl

Basilikum (frisch)

Blattspinat

Blumenkohl

Brokkoli

Butter

Champignons (weiß/braun)

Chilischote (frisch, rot/grün)

Chinakohl

Cocktailtomaten

Crème fraîche

Dill (frisch)

Edamer (Naturkäse)*

Eier

Emmentaler (Naturkäse)*

Fetakäse (in Salzlake)

Frühlingszwiebeln

Gouda (Naturkäse)*

Greyerzer (Naturkäse)*

Hokkaidokürbis

Honig

Ingwer (frisch)

Kartoffeln

Kichererbsen (getrocknet)

Knollensellerie

Kopfsalat

Kohlrabi

Kokosfett (ungehärtet)

Kresse

Mandelkerne*

Mango (frisch)

Mangold

Meer- oder Himalajasalz

Möhren

Mozzarella (in Salzlake)

Mungobohnensprossen

Naturjoghurt

Olivenöl (kalt gepresst)

Oregano (frisch)

Palmfett (ungehärtet)

Paprikaschoten (rot/gelb/grün)

Parmesan (Naturkäse)*

Pecorino (Naturkäse)*

Petersilie (frisch, glatt/kraus)

Pfifferlinge

Porree

Radicchio

Radieschen

Rosmarin (frisch)

Rote Bete

Rucola

Reis (Gold-Korn)

Salatgurke

Salbei (frisch)

Saure Sahne

Schlagsahne

Schmand

Schnittlauch (frisch)

Sesam (ungeschält)

Sesamöl (kalt gepresst)

Sonnenblumenkerne*

Sonnenblumenöl

Spargel

Staudensellerie

Strauchtomaten

Suppengrün (Bund)

Thymian (frisch)

Vollmilch

Vollrohrzucker

Walnussbruch*

Walnusskerne*

Walnussöl (kalt gepresst)

Wasser

Weißkohl

Weißwein

Ziegencamembert

Ziegenfrischkäse

Zitronen

Zucchini

Zwiebeln (frisch, alle Sorten)

***Naturkäse**
Beim Kauf von Naturkäse an der Frischetheke sollte man darauf achten, dass der Käse mit einem gereinigten Messer auf einer gereinigten Unterlage geschnitten wird, um Kontamination zu verhindern.

***Nüsse/Kerne**
Sämtliche unverarbeiteten Nusssorten sowie Mandeln, Sonnenblumenkerne und Sesam sind glutenfrei.

Lebensmittel und Hersteller nach der aktuellen Aufstellung glutenfreier Lebensmittel der DZG e.V.

Die hier genannten Einkaufsquellen sind eine bewusste Auswahl von Herstellern, die ihre glutenfreien Produkte in Bioqualität anbieten. Zu jedem Produkt haben wir ein bis zwei Hersteller aufgeführt, deren Produkte in Biomärkten, Reformhäusern oder im Internet erhältlich sind. Alle von uns aufgezählten Lebensmittelhersteller sind in der aktuellen Aufstellung glutenfreier Lebensmittel der DZG e.V. zu finden, in der natürlich noch weitere Anbieter zu den von uns verwendeten Lebensmitteln gelistet sind.

Agavensirup	dennree
Apfelessig*	Byodo
Balsamico bianco*	Gustoni
Belugalinsen	Rapunzel
Chilipulver	Sonnentor*
Currypulver	Sonnentor*
Gemüsebrühe (hefefrei)	Naturata
Gemüsebrühe „Würzel" (hefefrei, gekörnt)	bruno fischer
Kartoffelmehl	Bauck
Kidneybohnen (getrocknet)*	Davert
Kokosmilch	dennree
Kräuter der Provence	Brecht
Kräutersalz	Brecht, Rapunzel
Kümmel	Sonnentor
Linsen (braun, getrocknet)*	dennree
Linsen (gelb, getrocknet)*	Neuform
Linsen (rot, getrocknet)*	dennree, Neuform
Majoran (getrocknet)	Sonnentor*
Muskatnuss (ganz)	Brecht, Sonnentor*
Muskatnuss (gemahlen)	Brecht, Sonnentor*
Nudeln „Penne" (glutenfrei)	dennree
Oliven (grün, entsteint, in Lake)	Rapunzel
Oliven (violett, entsteint, in Lake)	Rapunzel
Oregano (getrocknet)	Brecht, Sonnentor*
Paprikapulver (edelsüß)	Brecht, Sonnentor*
Peperoni (eingelegt)	LaSelva

Pfeffer (weiß/schwarz)	Brecht, Sonnentor*
Pfefferkörner (bunt)	Brecht, Sonnentor*
Polenta (Maisgrieß)	Davert
Rote Nierenbohnen	Davert
Salatkräuter (getrocknet)	Brecht
Sauerkraut*	Schweizer Sauerkrautfabrik
Schnittlauch (getrocknet)	Sonnentor*
Senf (mittelscharf)	Byodo
Thymian (getrocknet)	Brecht, Sonnentor*
Tomaten (getrocknet)	dennree
Tomaten (getrocknet, mit Kräutern)	bio-verde
Tomatenmark	dennree, Rapunzel
Weiße Bohnen (klein/groß)	Rapunzel, Davert
Zuckerrübensirup	Bauck

***Apfelessig/Balsamico**
Apfelessig ist ein Obstessig und von Natur aus glutenfrei. Balsamico bianco ist ebenfalls von Natur aus glutenfrei. Bei Essig und Balsamico ist allgemein darauf zu achten, dass er keine Gewürz- oder Kräuterzusätze enthält oder durch Malz (Gerstenmalz) dunkel gefärbt wurde.

***Hülsenfrüchte**
Hülsenfrüchte sollten, wie in den entsprechenden Rezepten angegeben, nur in getrockneter Form gekauft werden. Da bei einigen Hülsenfrüchten, wie zum Beispiel bei Linsen, glutenhaltige Getreide als Rankhilfe eingesetzt werden, sollten die verwendeten Hülsenfrüchte vor dem Gebrauch gründlich auf Getreidekörner (Weizen, Gerste oder Roggen) durchsucht und anschließend gründlich gewaschen werden. Aus diesem Grund (Rankhilfe) findet man auf der Verpackung mancher Hülsenfrüchte den Hinweis, dass sie Spuren von Gluten enthalten könnten.

***Sauerkraut sowie Sauerkonserven**
Sauerkonserven sind glutenfrei, sofern in der Zutatenliste nur die entsprechende Gemüsesorte und Salz aufgeführt werden.

***Sonnentor**
Eine Ausnahme bilden die Produkte von Sonnentor, die sich nicht in der Aufstellung glutenfreier Lebensmittel 2011 der DZG e.V. finden lassen. Unsere Nachfrage bei der DZG ergab, dass der Hersteller „Sonnentor" die Liste seiner Produkte nicht rechtzeitig zur Drucklegung der Aufstellung glutenfreier Lebensmittel 2011 vorgelegt hatte. Unsere Nachfrage bei Sonnentor erwies, dass auf allen Produkten alle verwendeten Zutaten aufgeführt sind. Aus diesem Grund haben wir uns entschieden, die reinen Gewürze der Firma Sonnentor zu empfehlen, obwohl sie nicht in der Aufstellung glutenfreier Lebensmittel 2011 der DZG e.V. zu finden sind.

Garantiert glutenfrei bei Naturkorn Mühle Werz

Diese Produkte bekommen Sie garantiert glutenfrei bei der Naturkorn Mühle Werz. Die Produkte sind mit der durchgestrichenen Ähre gekennzeichnet.

Diese und weitere glutenfreie Artikel können Sie über **www.vollwertcenter.de** bestellen.

Agavendicksaft	Werz
Amarantmehl	Werz
Braunhirse (gemahlen)	Werz
Buchweizen, ganzes Korn (Gold-Korn)	Werz
Buchweizenmehl (Vollkorn)	Werz
Erdmandelflocken	Werz
Guarkernmehl	Werz
Hirseflocken (Vollkorn)	Werz
Hirsegrieß	Werz
Hirsemehl (Vollkorn)	Werz
Johannisbrotkernmehl	Werz
Mandelkerne	Werz
Mandeln (gemahlen)	Werz
Quinoa (Gold-Korn)	Werz
Reis (Gold-Korn)	Werz
Reismehl (Vollkorn)	Werz
Reissirup	Werz
Reisstärke	Werz
Sesam (geröstet)	Werz
Sonnenblumenkerne	Werz
Traubenkernmehl	Werz
Trockenhefe	Werz
Vollkornbrösel (Paniermehl)	Werz

Ein Korn · Ein Keks · Ein Kunstwerk
50 Jahre
Wenn es ums Backen geht, macht ihm keiner etwas vor – Karl-Otto Werz ist eine Koryphäe auf dem Gebiet der Vollwertbäckerei. Seit 50 Jahren gelingt es dem Tüftler aus Schwaben immer wieder aufs Neue, ohne Milch, Ei und Hilfsmittel köstliche Kekse und Brote zu erschaffen – zur Freude und Gesundheit seiner begeisterten Kunden.
Werz
Naturkorn Mühle Werz · Stäffeleswiesen 28
89522 Heidenheim · www.vollwertcenter.de

Kochwerte Online www.kochwerte.de **VND | Verlag Neue Dimensionen** www.verlag-neuedimensionen.de
Fotos Michaela Thiel-Hensel www.studio-thiel.de **Layout und Satz** Matthias Hensel www.matthiashensel.com
Textredaktion Therese Meitinger tm_text@yahoo.de **Druck** B.O.S.S Druck und Medien www.boss-druck.de

Glutenfrei & vegetarisch – Kochen und Backen. Band 2

www.verlag-neuedimensionen.de
E-Mail: info@verlag-neuedimensionen.de

Autorinnen: Birgit Wäschenbach & Renate Kerner
Fotos: Michaela Thiel-Hensel
Layout und Satz: Matthias Hensel
Textredaktion: Therese Meitinger
Druck: B.O.S.S Druck und Medien GmbH

ISBN 978-3-941580-68-8

1. Auflage

Alle fotografierten Gerichte sind nach den vorliegenden Rezepten von den Autorinnen selbst zubereitet worden.

Immer wieder haben wir in unserem Buch Empfehlungen für verschiedene Hersteller ausgesprochen. Wir haben das getan, weil wir von der Qualität der verschiedenen Produkte überzeugt sind. Durch die Empfehlungen ist uns kein finanzieller Vorteil erwachsen – weder durch finanzielle Zuwendungen noch durch Anzeigenerlöse.

Mehr Informationen zum Thema Zöliakie erhalten Sie bei der DZG.

Deutsche Zöliakie-Gesellschaft e.V.
Kupferstraße 36, 70565 Stuttgart
Telefon 0711 / 45 99 81 0
info@dzg-online.de, www.dzg-online.de

Die DZG e.V. ist Inhaberin der Marke „Durchgestrichene Ähre"

Zöliakie ist eine ernst zu nehmende Krankheit. Als solche kann sie nur ein Arzt diagnostizieren und behandeln. Suchen Sie deshalb unbedingt einen Arzt Ihres Vertrauens auf, sobald Sie den Verdacht haben, dass Sie erkrankt sein könnten. Die Anregungen in diesem Buch wurden von den Autorinnen mit größter Sorgfalt erstellt und geprüft. Keinesfalls ersetzen sie jedoch kompetenten medizinischen Rat. Zudem gilt: Jeder sollte für sein Handeln die Verantwortung immer selbst übernehmen. Eine Haftung von Autorinnen und/oder Verlag für Personen-, Sach- und Vermögensschäden ist ausgeschlossen und kann daher nicht übernommen werden.

Hersteller-Adressen

Hersteller	Biomarkt	Reformhaus	Onlineshop	Internet
Allos	✗	✗		www.allos.de
Bauck	✗	✗		www.bauckhof.de
bio-verde ISANA Naturfeinkost	✗			www.isana.de
Brecht Gewürzmühle		✗		www.gewuerzmuehle-brecht.de
Bruno Fischer	✗			www.brunofischer.de
Byodo Naturkost	✗			www.byodo.de
Davert	✗	✗		www.davert.de
dennree	✗	✗		www.dennree.de
Gustoni	✗			www.gustoni.de
LaSelva	✗		✗	www.laselva-bio.eu
Naturata	✗		✗	www.naturata.de
Naturkorn Mühle Werz	✗	✗	✗	www.vollwertcenter.de
neuform		✗		www.reformhaus.de
RAPUNZEL NATURKOST	✗		✗	www.rapunzelshop.de
Schweizer Sauerkonserven	✗			www.schweizer-sauerkonserven.de
SONNENTOR	✗		✗	www.sonnentor.at

Rezepte von A-Z